才高八斗
学富五车

黄峻峰◎著

吉林出版集团股份有限公司　全国百佳图书出版单位

图书在版编目（CIP）数据

才高八斗　学富五车 / 黄峻峰著. -- 长春：吉林出版集团股份有限公司, 2025.6. -- ISBN 978-7-5731-6918-1

Ⅰ. I207.22

中国国家版本馆 CIP 数据核字第 2025L8A569 号

才高八斗 学富五车

CAIGAO BADOU　XUEFU WUCHE

著　　者	黄峻峰
策　　划	曹　恒
责任编辑	李婷婷
封面设计	吕宜昌
开　　本	880mm × 1230mm　1/32
字　　数	110千
印　　张	4.5
版　　次	2025年6月第1版
印　　次	2025年6月第1次印刷

出　　版	吉林出版集团股份有限公司
发　　行	吉林出版集团股份有限公司
地　　址	吉林省长春市福祉大路5788号
邮　　编	130000
电　　话	0431-81629968
邮　　箱	11915286@qq.com
印　　刷	三河市金兆印刷装订有限公司

书　　号	ISBN 978-7-5731-6918-1
定　　价	59.80元

版权所有　翻印必究

目录

闺 / 2
脑 / 4
眉 / 6
心 / 8
手 / 10
足 / 12
飞 / 14
舞 / 16
斗 / 18
战 / 20
胜 / 22
哭 / 24
笑 / 26
争 / 28
泪 / 30
愁 / 32

梦 / 34
仇 / 36
情 / 38
照 / 40
生 / 42
楼 / 44
城 / 46
门 / 48
窗 / 50
乡 / 52
镜 / 54
灯 / 56
火 / 58
燃 / 60
影 / 62
刀 / 64

剑 / 66
茶 / 68
酒 / 70
路 / 72
春 / 78
夏 / 80
秋 / 82
冬 / 84
花 / 86
草 / 88
树 / 90
土 / 92
金 / 94
星 / 96
空 / 98
日 / 100

月 / 102
风 / 104
霜 / 106
雨 / 108
雪 / 110
虫 / 112
鸟 / 114
马 / 116
柳 / 118
山 / 120
水 / 122
江 / 124
河 / 126
湖 / 128
海 / 130
小 / 132
少 / 134
大 / 136
多 / 138

闺

白话 女子愁思万千。
古诗文 寂寞深闺,柔肠一寸愁千缕。

——[宋]李清照《点绛唇·闺思》

白话 用呜咽的羌笛之声表达无尽的思念。
古诗文 更吹羌笛关山月,无那金闺万里愁。

——[唐]王昌龄《从军行七首·其一》

白话 出嫁前,杨贵妃尚未被世人知晓。
古诗文 杨家有女初长成,养在深闺人未识。

——[唐]白居易《长恨歌》

白话 思念中的女子,总想留住春天。
古诗文 闺中女儿惜春暮,愁绪满怀无释处。

——[清]曹雪芹《红楼梦·葬花吟》

白话 人间处处是别离。
古诗文 漫道闺中飞破镜,犹看陌上别行人。

——[唐]王昌龄《送裴图南》

白话 沉浸在思念之中,没有心思玩乐。
古诗文 荡舟为乐非吾事,自叹空闺梦寐频。

——[唐]宋之问《和赵员外桂阳桥遇佳人》

闺

> 白话　惜花人惜的不是花，是自己。
>
> 古诗文　幽闺女儿爱颜色，坐见落花长叹息。

——[唐]贾曾《有所思》

> 白话　青春是人生最美的风景。
>
> 古诗文　君不见红闺少女端正时，天天桃李仙容姿。

——[唐]王谌《后庭怨》

> 白话　好景难留，未来充满不确定。
>
> 古诗文　能阅几时新碧树，不知何日寂金闺。

——[唐]鲍溶《晚山蝉》

> 白话　声名显赫，寄情江湖，展现高尚情操。
>
> 古诗文　名振金闺步玉京，暂留沧海见高情。

——[唐]许浑《送卢先辈自衡岳赴复州嘉礼二首·其一》

> 白话　空在闺中思念与想象，难以知晓战场的凶险。
>
> 古诗文　闺中只是空相忆，不见沙场愁杀人。

——[唐]岑参《题苜蓿峰寄家人》

> 白话　回忆在闺中时，不曾知晓尘事纷扰。
>
> 古诗文　忆妾深闺里，烟尘不曾识。

——[唐]张潮《长干行》

脑

白话 水仙花超凡脱俗，品性高洁，香气袭人。
古诗文 脑子醲薰众香国，江妃寒损水精宫。

——[宋]杨万里《三花斛三首右水仙》

白话 阴天烦闷，龙脑香在兽形的香炉中缭绕。
古诗文 薄雾浓云愁永昼，瑞脑销金兽。

——[宋]李清照《醉花阴·薄雾浓云愁永昼》

白话 女子生活虽富足奢华，内心却凄楚。
古诗文 玉鸭薰炉闲瑞脑，朱樱斗帐掩流苏。

——[宋]李清照《浣溪沙·髻子伤春慵更梳》

白话 即便生活优渥，也无法填补内心的失落。
古诗文 便是脑满肠肥，尚难消受，此荒烟落照。

——[清]纳兰性德《百字令·宿汉儿村》

白话 哀叹成功后被抛弃或遭背叛。
古诗文 真忧乌喙将无情，兔死狗烹肝脑裂。

——[元]谢应芳《过吴江三高祠》

白话 富贵人出行时有偌大的排场。
古诗文 五花骄马金络脑，出门仆从生辉光。

——[宋]王炎《远别离》

脑

> **白话** 至暗时刻真理隐匿不显，智慧深邃也难触及。
> **古诗文** 夜半正明还不露，金刚脑后铁昆仑。

——[宋]释祖钦《偈颂七十二首·其五一》

> **白话** 赞美梅花的香气，即使是最好的香料也比不上它。
> **古诗文** 脑子斛量犹觉臭，安知人世有沉檀。

——[宋]方蒙仲《和刘后村梅花百咏·其七七》

> **白话** 风度翩翩的新郎骑着装饰华丽的骏马，正值青春年华。
> **古诗文** 天马乘龙金络脑，贾家贵婿正娇春。

——[元]杨维桢《春侠杂词·其二》

> **白话** 春风和细雨仿佛给骏马披上了华丽的配饰。
> **古诗文** 春风金络脑，小雨锦障泥。

——[元]张宪《立仗马》

> **白话** 总是犹豫不决、分心多虑，结果连宝贵的东西也弄丢了。
> **古诗文** 频频转脑回头，不知失了白象。

——[宋]释可湘《拾得赞·其二》

> **白话** 对于强大力量的敬畏和崇拜。
> **古诗文** 师子吼，无畏说，百兽闻之皆脑裂。

——[唐]玄觉《永嘉证道歌》

眉

白话 十五岁时打开心门，愿意与你生死与共。
古诗文 十五始展眉，愿同尘与灰。

——[唐]李白《长干行·其一》

白话 夜空清澈如水，新月似眉，时间缓缓流逝。
古诗文 碧天如水月如眉，城头银漏迟。

——[宋]秦观《醉桃源·碧天如水月如眉》

白话 女子透过装饰精美的窗户赏月。
古诗文 蛾眉蔽珠栊，玉钩隔琐窗。

——[南北朝]鲍照《玩月城西门廨中》

白话 她的眉毛美得胜过萱草，红裙艳得让石榴花都嫉妒。
古诗文 眉黛夺将萱草色，红裙妒杀石榴花。

——[唐]万楚《五日观妓》

白话 女子化完妆，轻声问丈夫：眉毛画得是否合宜？
古诗文 妆罢低声问夫婿，画眉深浅入时无。

——[唐]朱庆馀《近试上张籍水部》

白话 芙蓉像她的脸，柳叶似她的眉，此情此景如何不伤心落泪。
古诗文 芙蓉如面柳如眉，对此如何不泪垂？

——[唐]白居易《长恨歌》

眉

> 白话　与美人离别,心痛欲绝。
> 古诗文　翠眉蝉鬓生别离,一望不见心断绝。

——[唐]卢仝《有所思》

> 白话　绣帘的流苏仿佛坠压在心头,远山的碧绿如眉间浓浓的忧愁。
> 古诗文　绣帘垂簶簌,眉黛远山绿。

——[唐]温庭筠《菩萨蛮·雨晴夜合玲珑日》

> 白话　无法排解相思之苦,只得任它在眉宇间显露出来。
> 古诗文　轮到相思没处辞,眉间露一丝。

——[明]俞彦《长相思·折花枝》

> 白话　算来这相思之苦,聚在眉头,凝在心间,无法回避。
> 古诗文　都来此事,眉间心上,无计相回避。

——[宋]范仲淹《御街行·秋日怀旧》

> 白话　下弦月出现在满月之后,有残缺之感,不如上弦月好。
> 古诗文　一种蛾眉,下弦不似初弦好。

——[清]纳兰性德《点绛唇·一种蛾眉》

> 白话　眉淡了叫谁来描?脸瘦得不好意思戴上石榴花。
> 古诗文　蛾眉淡了教谁画?瘦岩岩羞带石榴花。

——[元]关汉卿《大德歌·夏》

心

白话 铜镜有尘垢可以擦去，我心不是铜镜，忧愁无法去除。

古诗文 我心匪鉴，不可以茹。

——[先秦]佚名《诗经·邶风·柏舟》

白话 对某人深深的思念。

古诗文 青青子衿，悠悠我心。

——[先秦]佚名《诗经·郑风·子衿》

白话 情感交织如密网，心结重重难解开。

古诗文 心似双丝网，中有千千结。

——[宋]张先《千秋岁·数声鶗鴂》

白话 我就在你面前，你却不知道我爱你。

古诗文 山有木兮木有枝，心悦君兮君不知。

——[先秦]佚名《越人歌》

白话 只愿你我心意相通，彼此珍视相思之情。

古诗文 只愿君心似我心，定不负相思意。

——[宋]李之仪《卜算子·我住长江头》

白话 身上虽无彩凤的双翅让彼此飞到一起，但彼此心灵相通。

古诗文 身无彩凤双飞翼，心有灵犀一点通。

——[唐]李商隐《无题·昨夜星辰昨夜风》

> **白话** 虽地位低微,但胸怀大志,可惜世人无法理解他的内心世界。
>
> **古诗文** 迹留黄绶人多叹,心在青云世莫知。
>
> ——[唐]高适《同颜六少府旅宦秋中之作》

> **白话** 人应像云与水般自在洒脱,不为外物所累。
>
> **古诗文** 天平山上白云泉,云自无心水自闲。
>
> ——[唐]白居易《白云泉》

> **白话** 离别之时,彻夜难眠。
>
> **古诗文** 蜡烛有心还惜别,替人垂泪到天明。
>
> ——[唐]杜牧《赠别二首·其二》

> **白话** 爱情虽美,但切莫与春花争放,免得缕缕相思寸寸成灰。
>
> **古诗文** 春心莫共花争发,一寸相思一寸灰。
>
> ——[唐]李商隐《无题四首·其二》

> **白话** 内心渴望超脱世俗纷扰,追求宁静与澄澈。
>
> **古诗文** 愿我六根常寂静,心如宝月映琉璃。
>
> ——[宋]王安石《望江南·归依法》

> **白话** 情深缘浅,负疚难言。
>
> **古诗文** 系我一生心,负你千行泪。
>
> ——[宋]柳永《忆帝京·薄衾小枕凉天气》

手

白话 感叹道路实在险峻难行。
古诗文 扪参历井仰胁息,以手抚膺坐长叹。

——[唐]李白《蜀道难》

白话 听您琴声,仿佛无数山谷松涛之声入耳。
古诗文 为我一挥手,如听万壑松。

——[唐]李白《听蜀僧濬弹琴》

白话 势利之交反复无常。
古诗文 翻手作云覆手雨,纷纷轻薄何须数。

——[唐]杜甫《贫交行》

白话 低头弹奏,琴声不断诉说心中无尽的往事。
古诗文 低眉信手续续弹,说尽心中无限事。

——[唐]白居易《琵琶行》

白话 并州剪刀光洁似水,吴地产的盐如雪,用纤细手剥开新橙。
古诗文 并刀如水,吴盐胜雪,纤手破新橙。

——[宋]周邦彦《少年游·并刀如水》

白话 荡完秋千,慵懒地舒展一下双手。
古诗文 蹴罢秋千,起来慵整纤纤手。

——[宋]李清照《点绛唇·蹴罢秋千》

> **白话** 南渡之后,真正有才能的人寥寥无几。
>
> **古诗文** 渡江天马南来,几人真是经纶手?
>
> ——[宋]辛弃疾《水龙吟·甲辰岁寿韩南涧尚书》

> **白话** 总是怀念与友人同游西湖时,寒波澄碧,千株红梅绽放的景象。
>
> **古诗文** 长记曾携手处,千树压、西湖寒碧。
>
> ——[宋]姜夔《暗香·旧时月色》

> **白话** 如今,携手同游处,还有谁在那里呢?
>
> **古诗文** 携手处,今谁在。
>
> ——[宋]秦观《千秋岁·水边沙外》

> **白话** 我醉酒后邀请明月,与身影共酌。
>
> **古诗文** 我醉拍手狂歌,举杯邀月,对影成三客。
>
> ——[宋]苏轼《念奴娇·中秋》

> **白话** 手拿丝制的白团扇,扇与手都像玉一样漂亮。
>
> **古诗文** 手弄生绡白团扇,扇手一时似玉。
>
> ——[宋]苏轼《贺新郎·夏景》

> **白话** 堂前种下的杨柳,一别已是几年光景了。
>
> **古诗文** 手种堂前垂柳,别来几度春风。
>
> ——[宋]欧阳修《朝中措·送刘仲原甫出守维扬》

足

白话 女子的木屐雅致华美，双脚洁白如同霜雪。
古诗文 一双金齿屐，两足白如霜。

——[唐]李白《浣纱石上女》

白话 牛儿脚步矫健如同骏马，毛发之奇特堪比麒麟。
古诗文 逸足还同骥，奇毛自偶麟。

——[唐]许圉师《咏牛应制》

白话 风尘仆仆地骑马赶路，马缨随风飘扬裹满衣襟。
古诗文 马足早尘深，飘缨又满襟。

——[唐]权德舆《马上赠虚公》

白话 春雨丰沛，天还没亮，农人就披着蓑衣冒雨耕田。
古诗文 雨足高田白，披蓑半夜耕。

——[唐]崔道融《田上》

白话 夕阳余晖洒落，正是登山赏景的好时候。
古诗文 东山草树曛，致足登临乐。

——[宋]司马光《奉和经略庞龙图延州南城八咏·缘云轩》

白话 才华应为社会所用，若用于炫耀，反成负累。
古诗文 文采为世用，适足累形躯。

——[宋]王安石《山鸡》

足

白话　游客准备回家,脚浸在湖水中与残阳嬉戏。

古诗文　游人欲归去,濯足弄残阳。

——[宋]郭祥正《和杨公济钱塘西湖百题·长桥》

白话　蜗牛分泌的黏液尚不能填满壳,勉强能让自己的身体湿润。

古诗文　腥涎不满壳,聊足以自濡。

——[宋]苏轼《雍秀才画草虫八物·蜗牛》

白话　赤脚踩在江边的沙滩上,仰望星空。

古诗文　白足礼江沙,七星在云表。

——[宋]黄庭坚《彭女礼北斗图颂》

白话　人人都倚着栏杆欣赏景色,可谁又能配得上这秋天的美景呢?

古诗文　共是凭栏人,谁足当秋色。

——[宋]秦观《光华寺》

白话　不必过度沉迷,稍作享受即可。

古诗文　未足多沉湎,聊堪小拍浮。

——[宋]赵鼎臣《以双蟹杯酒饷阿宝作诗戏之》

白话　湘江雨水多,七泽之地在秋日里烟雾缭绕。

古诗文　雨足三湘岸,烟含七泽秋。

——[宋]周紫芝《题钱少愚四画·秋观》

飞

白话 愿两肋生翅,随花飞到天尽头。
古诗文 愿侬此日生双翼,随花飞到天尽头。

——[清]曹雪芹《红楼梦·葬花吟》

白话 谈笑间,就让敌军灰飞烟灭。
古诗文 羽扇纶巾,谈笑间,樯橹灰飞烟灭。

——[宋]苏轼《念奴娇·赤壁怀古》

白话 美好的事物一旦消失便再难寻觅。
古诗文 蝶去莺飞无处问。

——[宋]赵令畤《蝶恋花·卷絮风头寒欲尽》

白话 身世飘零如同落花,无人怜惜。
古诗文 花谢花飞花满天,红消香断有谁怜?

——[清]曹雪芹《红楼梦·葬花吟》

白话 晚霞映照孤鹜,天水相接,浑然一体。
古诗文 落霞与孤鹜齐飞,秋水共长天一色。

——[唐]王勃《滕王阁序》

白话 马和箭都达到了速度与力量的极致。
古诗文 马作的卢飞快,弓如霹雳弦惊。

——[宋]辛弃疾《破阵子·为陈同甫赋壮词以寄之》

| 白话 | 独自赏落花,看细雨中成双成对飞舞的燕子。
| 古诗文 | 落花人独立,微雨燕双飞。

——[五代]翁宏《春残》

| 白话 | 人生漂泊不定,匆匆无常。
| 古诗文 | 人生到处知何似,应似飞鸿踏雪泥。

——[宋]苏轼《和子由渑池怀旧》

| 白话 | 相隔太远,连思念都难以抵达。
| 古诗文 | 天长路远魂飞苦,梦魂不到关山难。

——[唐]李白《长相思》

| 白话 | 为了望见友人而登上高处,心仿佛随大雁远去。
| 古诗文 | 相望始登高,心随雁飞灭。

——[唐]孟浩然《秋登兰山寄张五》

| 白话 | 秋月美得像一面镜子。
| 古诗文 | 一轮秋影转金波,飞镜又重磨。

——[宋]辛弃疾《太常引·建康中秋夜为吕叔潜赋》

| 白话 | 悲伤无处诉说,美好的事物总是容易逝去。
| 古诗文 | 泪眼问花花不语,乱红飞过秋千去。

——[宋]欧阳修《蝶恋花·庭院深深深几许》

舞

白话 暮春，风吹残花落却无人看见，只有垂柳在风中独舞着。

古诗文 吹尽残花无人见，惟有垂杨自舞。

——[宋]叶梦得《贺新郎·睡起流莺语》

白话 春天到了，万物生机勃勃。

古诗文 留连戏蝶时时舞，自在娇莺恰恰啼。

——[唐]杜甫《江畔独步寻花·其六》

白话 歌舞升平的景象。

古诗文 舞低杨柳楼心月，歌尽桃花扇底风。

——[宋]晏几道《鹧鸪天·彩袖殷勤捧玉钟》

白话 许多繁华景象，已被时间的风雨所淹没。

古诗文 舞榭歌台，风流总被，雨打风吹去。

——[宋]辛弃疾《永遇乐·京口北固亭怀古》

白话 繁华落尽，只剩下一片苍凉。

古诗文 正是古来歌舞处，今日看时无地行。

——[南北朝]庾信《代人伤往诗二首·其二》

白话 感受春日的盎然生机。

古诗文 花中来去看舞蝶，树上长短听啼莺。

——[唐]长孙皇后《春游曲》

舞

> 白话　宴席场面恢宏，歌舞一直持续到深夜，日子真是美好。
>
> 古诗文　繁弦绮席方终夜，妙舞清歌欢未归。
>
> ——[唐]卢照邻《登封大酺歌四首·其二》

> 白话　感慨艺人去世而技艺不传的遗憾。
>
> 古诗文　前溪妙舞今应尽，子夜新歌遂不传。
>
> ——[唐]宋之问《伤曹娘二首·其二》

> 白话　天下没有不散的筵席，悲欢无常，世事难料。
>
> 古诗文　歌终舞罢欢无极，乐往悲来长叹息。
>
> ——[唐]吴少微《古意》

> 白话　曾经歌舞喧嚣的高台，如今只剩秋风瑟瑟。
>
> 古诗文　试上铜台歌舞处，惟有秋风愁杀人。
>
> ——[唐]张说《邺都引》

> 白话　歌舞散后，舞者像彩云一样，随风而去，离开皇城。
>
> 古诗文　只愁歌舞散，化作彩云飞。
>
> ——[唐]李白《宫中行乐词八首·其一》

> 白话　与朋友饮酒，彼此助兴，相得益彰。
>
> 古诗文　尔为我楚舞，吾为尔楚歌。
>
> ——[唐]李白《留别于十一兄逖裴十三游塞垣》

斗

白话 人生难得几回开怀笑,遇到知己就应尽情畅饮。
古诗文 一生大笑能几回,斗酒相逢须醉倒。

——[唐]岑参《凉州馆中与诸判官夜集》

白话 雨后宁静,凉风入室。
古诗文 霁分星斗风雷静,凉入轩窗枕簟闲。

——[宋]王安石《雨过偶书》

白话 在璀璨的星空下,我们都怀有守护家园的决心。
古诗文 北斗七星高,哥舒夜带刀。

——[唐]西鄙人《哥舒歌》

白话 再艰难也会有雨过天晴的时候,前路充满希望。
古诗文 参横斗转欲三更,苦雨终风也解晴。

——[宋]苏轼《六月二十日夜渡海》

白话 有时,美梦让人感觉会有好运降临,让人对未来充满希望。
古诗文 疑怪昨宵春梦好,元是今朝斗草赢。

——[宋]晏殊《破阵子·春景》

白话 月光如水,北斗星和南斗星斜挂天际,宁静而美丽。
古诗文 更深月色半人家,北斗阑干南斗斜。

——[唐]刘方平《月夜》

斗

> **白话** 时间悄然流转，新的一年，新的开始。
>
> **古诗文** 昨夜斗回北，今朝岁起东。

——[唐]孟浩然《田家元日》

> **白话** 海燕未回，人们已玩起了斗草游戏；江梅过季，柳絮随风荡漾。
>
> **古诗文** 海燕未来人斗草，江梅已过柳生绵。

——[宋]李清照《浣溪沙·淡荡春光寒食天》

> **白话** 用自己的才华去惊艳世人，不必与人攀比外表。
>
> **古诗文** 敢将十指夸针巧，不把双眉斗画长。

——[唐]秦韬玉《贫女》

> **白话** 在人生的道路上，各有各的忧愁。
>
> **古诗文** 行人刁斗风沙暗，公主琵琶幽怨多。

——[唐]李颀《古从军行》

> **白话** 酒能够让人暂时忘记烦恼。
>
> **古诗文** 三杯通大道，一斗合自然。

——[唐]李白《月下独酌四首·其二》

> **白话** 壮丽的庐山与南斗星相伴，层叠的山峰如展开的云锦屏风。
>
> **古诗文** 庐山秀出南斗傍，屏风九叠云锦张。

——[唐]李白《庐山谣寄卢侍御虚舟》

战

白话 战斗磨穿了铠甲,不打败敌人誓不返乡。
古诗文 黄沙百战穿金甲,不破楼兰终不还!

——[唐]王昌龄《从军行七首·其四》

白话 英勇的战士结束了战斗,战场上一片凄清肃杀。
古诗文 骝马新跨白玉鞍,战罢沙场月色寒。

——[唐]王昌龄《出塞二首·其二》

白话 战争惨烈,就连远飞的大雁都找不到栖息的地方。
古诗文 战鬼秋频哭,征鸿夜不栖。

——[唐]杨凝《送人出塞》

白话 战争会给百姓带来巨大灾难。
古诗文 战城南,死郭北,野死不葬乌可食。

——[汉]汉乐府《战城南》

白话 战争漫长而惨烈,无数将士为国捐躯。
古诗文 将军百战死,壮士十年归。

——[南北朝]佚名《木兰诗》

白话 惨烈的战斗之后,马怕听战鼓,人更思故乡。
古诗文 征人望乡思,战马闻鼙惊。

——[唐]鲍君徽《关山月》

战

> **白话** 数万将士战死,诗人怀愁吟唱。
> **古诗文** 战哭多新鬼,愁吟独老翁。

——[唐]杜甫《对雪》

> **白话** 军旅生活紧张且艰苦。
> **古诗文** 晓战随金鼓,宵眠抱玉鞍。

——[唐]李白《塞下曲六首·其一》

> **白话** 遥念故园菊花,应开在战场的旁边。
> **古诗文** 遥怜故园菊,应傍战场开。

——[唐]岑参《行军九日思长安故园》

> **白话** 战士在阵前出生入死,将军却在营帐里欣赏美人歌舞。
> **古诗文** 战士军前半死生,美人帐下犹歌舞。

——[唐]高适《燕歌行》

> **白话** 长年征战,士兵都衰老了。
> **古诗文** 万里长征战,三军尽衰老。

——[唐]李白《战城南》

> **白话** 身经百战,驰骋疆场,曾以一剑抵挡百万雄师。
> **古诗文** 一身转战三千里,一剑曾当百万师。

——[唐]王维《老将行》

胜

白话 下棋之乐，超过隐居山林，也胜过与俗人闲聊。

古诗文 坐隐不知岩穴乐，手谈胜与俗人言。

——[宋]黄庭坚《弈棋二首·呈任公渐》

白话 在竞争中应保持谦虚，不能骄傲，也不能心存疑虑，非常重要。

古诗文 战胜将骄疑必败，果然终取敌兵翻。

——[宋]黄庭坚《弈棋二首·呈任公渐》

白话 空有抱负，缺乏力量，遇志同道合者，只能以泪相对。

古诗文 力不胜于胆，逢人空泪垂。

——[宋]郑思肖《德佑二年岁旦·其一》

白话 蜜蜂、蝴蝶忙碌不已，沾染花香，四处飞舞。

古诗文 蜂蝶不胜闲，惹残香、萦纡深透。

——[宋]李之仪《蓦山溪·次韵徐明叔》

白话 物质需求适度满足即可，精神富足更重要。

古诗文 心既远，味偏长，须知粗布胜无裳。

——[宋]李之仪《鹧鸪天·收尽微风不见江》

白话 即使被春风吹落，也不愿在尘土中被践踏。

古诗文 纵被春风吹作雪，绝胜南陌碾成尘。

——[宋]王安石《北陂杏花》

胜

白话 今夜星空格外迷人,却无人共赏,独自仰望,满心明亮。
古诗文 今宵绝胜无人共,卧看星河尽意明。

——[宋]陈与义《雨晴》

白话 早春时的景色远好过暮春。
古诗文 最是一年春好处,绝胜烟柳满皇都。

——[唐]韩愈《早春呈水部张十八员外》

白话 少女天生丽质,不知何日将离开三清仙境,步入凡尘。
古诗文 少年艳质胜琼英,早晚别三清。

——[五代]顾夐《虞美人·少年艳质胜琼英》

白话 面对失败和挫折,能够忍耐和坚持,才是真正的强者。
古诗文 胜败兵家事不期,包羞忍耻是男儿。

——[唐]杜牧《题乌江亭》

白话 别后凄凉,尤其在清冷的月光下,思念更是让人难以承受。
古诗文 凄凉别后两应同,最是不胜清怨月明中。

——[清]纳兰性德《虞美人·曲阑深处重相见》

白话 江山各处留有古迹,而今我们又重新登临观赏了。
古诗文 江山留胜迹,我辈复登临。

——[唐]孟浩然《与诸子登岘山》

哭

白话 伤春悲秋的文章，对解决国家战乱没有实质性作用。

古诗文 不见年年辽海上，文章何处哭秋风？

——[唐]李贺《南园十三首·其六》

白话 战争带来了各种人间惨剧。

古诗文 母别子，子别母，白日无光哭声苦。

——[唐]白居易《母别子》

白话 战乱之中，哀鸿遍野，哭声震天，人们生活困苦。

古诗文 野哭千家闻战伐，夷歌数处起渔樵。

——[唐]杜甫《阁夜》

白话 您于我亦师亦友，我不敢在寝外哭悼。

古诗文 平生风义兼师友，不敢同君哭寝门。

——[唐]李商隐《哭刘蕡》

白话 梦到逝者，残诗难以续写，只想在深夜痛哭一场。

古诗文 梦好难留，诗残莫续，赢得更深哭一场。

——[清]纳兰性德《沁园春·丁巳重阳前》

白话 国土沦丧，连嫦娥也无处可去，只能对着桂花哭泣。

古诗文 嫦娥老大无归处，独倚银轮哭桂花。

——[清]钱谦益《后秋兴之十三八首·其二》

哭

白话 相聚的快乐总是短暂的，转眼又面临离别的痛。
古诗文 想人生最苦别离。不甫能喜喜欢欢，翻做了哭哭啼啼。

——[元]刘庭信《折桂令》

白话 瓿中无米，母子相拥而泣，这日子快过不下去了。
古诗文 明朝瓿复空，母子相持哭。

——[宋]陆游《十月二十八日风雨大作》

白话 面对困难时，应心怀坚定信念与不屈之志。
古诗文 十年勾践亡吴计，七日包胥哭楚心。

——[宋]郑思肖《二砺》

白话 接到书信激动得哭起来，妻子女儿忙问为什么。
古诗文 远信入门先有泪，妻惊女哭问何如。

——[唐]元稹《得乐天书》

白话 生命无常，而人生也总是悲喜交织。
古诗文 春岩彩鸡舞，月峡哀猿哭。

——[宋]苏轼《次韵刘景文登介亭》

白话 有人去年还在扫墓，今年却已成了墓中人。
古诗文 平原累累添新冢，半是去年来哭人。

——[唐]云表《寒食日》

笑

白话 喜新厌旧。
古诗文 但见新人笑,那闻旧人哭。

——[唐]杜甫《佳人》

白话 乐声优美动听。
古诗文 昆山玉碎凤凰叫,芙蓉泣露香兰笑。

——[唐]李贺《李凭箜篌引》

白话 有的人习惯用高冷的外表掩盖情伤,一喝酒却露了马脚。
古诗文 多情却似总无情,唯觉樽前笑不成。

——[唐]杜牧《赠别二首·其二》

白话 多年没有回家,被小孩当作外乡人。
古诗文 儿童相见不相识,笑问客从何处来。

——[唐]贺知章《回乡偶书》

白话 多少大事最后都成为茶余饭后的谈资。
古诗文 古今多少事,都付笑谈中。

——[明]杨慎《临江仙·滚滚长江东逝水》

白话 有些人因为才华出众,常遭周围人排斥。
古诗文 淮阴市井笑韩信,汉朝公卿忌贾生。

——[唐]李白《行路难·其二》

笑

白话 少女害羞低头,连头饰都掉进了水里。
古诗文 逢郎欲语低头笑,碧玉搔头落水中。

——[唐]白居易《采莲曲》

白话 因墙内笑声而驻足,又因笑声消失而惆怅。
古诗文 笑渐不闻声渐悄,多情却被无情恼。

——[宋]苏轼《蝶恋花·春景》

白话 和人打交道,要乐观旷达。
古诗文 出门一笑莫心哀,浩荡襟怀到处开。

——[清]林则徐《赴戍登程口占示家人二首·其二》

白话 林边偶遇老人家,聊得不舍得回家。
古诗文 偶然值林叟,谈笑无还期。

——[唐]王维《终南别业》

白话 笑起来很美,眼睛明亮而有神。
古诗文 巧笑倩兮,美目盼兮。

——[先秦]佚名《诗经·卫风·硕人》

白话 傲气凌云,像楚狂陆通那样佯狂不仕。
古诗文 我本楚狂人,凤歌笑孔丘。

——[唐]李白《庐山谣寄卢侍御虚舟》

争

白话 与其多情自扰,相见不如不见。

古诗文 相见争如不见,有情何似无情。

——[宋]司马光《西江月·宝髻松松挽就》

白话 我们曾是彼此的唯一,如今却被分隔两地。

古诗文 一生一代一双人,争教两处销魂。

——[清]纳兰性德《画堂春·一生一代一双人》

白话 早春时节,大家满怀希望,都在为新生活忙碌着。

古诗文 几处早莺争暖树,谁家新燕啄春泥。

——[唐]白居易《钱塘湖春行》

白话 远方的我多想回家,但归期总是遥遥无期。

古诗文 天涯岂是无归意,争奈归期未可期。

——[宋]晏几道《鹧鸪天·十里楼台倚翠微》

白话 面对选择,我们常常犹豫不决。

古诗文 梅雪争春未肯降,骚人搁笔费评章。

——[宋]卢钺《雪梅·其一》

白话 春天刚到,我的心中就充满了对你的思念,你能感受到吗?

古诗文 夜长争得薄情知?春初早被相思染。

——[宋]姜夔《踏莎行·自沔东来丁未元日至金陵江上感梦而作》

争

| 白话 | 奋力划船,不小心惊扰了附近的鸥鹭。
| 古诗文 | 争渡,争渡,惊起一滩鸥鹭。

——[宋]李清照《如梦令·常记溪亭日暮》

| 白话 | 时光匆匆,快乐总是短暂,忧愁却很漫长。
| 古诗文 | 揽流光,系扶桑,争奈愁来一日却为长。

——[宋]贺铸《行路难·缚虎手》

| 白话 | 超脱世俗纷争,对他人的嫉妒毫不在乎。
| 古诗文 | 无意苦争春,一任群芳妒。

——[宋]陆游《卜算子·咏梅》

| 白话 | 放下了与人争斗的执念,却仍被误解,实在感到无奈。
| 古诗文 | 野老与人争席罢,海鸥何事更相疑。

——[唐]王维《积雨辋川庄作》

| 白话 | 夏日炎炎,大家都在寻找清凉之地避暑。
| 古诗文 | 晴云轻漾,熏风无浪,开樽避暑争相向。

——[元]薛昂夫《西湖杂咏·夏》

| 白话 | 离别之际,心中满是不舍与牵挂。
| 古诗文 | 马后桃花马前雪,出关争得不回头!

——[清]徐兰《出关》

泪

白话 一想到家，就泪水涟涟。
古诗文 故园东望路漫漫，双袖龙钟泪不干。

——[唐]岑参《逢入京使》

白话 壮志未酬的悲壮情怀让人落泪。
古诗文 出师未捷身先死，长使英雄泪满襟。

——[唐]杜甫《蜀相》

白话 寂寞凄楚，泪痕满面，犹如带雨之梨花。
古诗文 玉容寂寞泪阑干，梨花一枝春带雨。

——[唐]白居易《长恨歌》

白话 分别的时刻难舍难分，哽咽着，不知如何表达。
古诗文 执手相看泪眼，竟无语凝噎。

——[宋]柳永《雨霖铃·寒蝉凄切》

白话 思乡的眼泪在他乡流尽，归帆还远在天边。
古诗文 乡泪客中尽，孤帆天际看。

——[唐]孟浩然《早寒江上有怀》

白话 国破山河碎，个人命运与国家命运相连。
古诗文 无限山河泪，谁言天地宽。

——[明]夏完淳《别云间》

泪

白话 归还所赠的明珠,遗憾未在对的时间相遇。
古诗文 还君明珠双泪垂,恨不相逢未嫁时。

——[唐]张籍《节妇吟·寄东平李司空师道》

白话 同为伤心者,彼此心意相通。
古诗文 我是人间惆怅客,知君何事泪纵横,断肠声里忆平生。

——[清]纳兰性德《浣溪沙·残雪凝辉冷画屏》

白话 伤心之人,看花都是泪。
古诗文 细看来,不是杨花,点点是离人泪。

——[宋]苏轼《水龙吟·次韵章质夫杨花词》

白话 景物依旧,但人事已发生剧变,未及开口,泪水已滑落。
古诗文 物是人非事事休,欲语泪先流。

——[宋]李清照《武陵春·春晚》

白话 物是人非,无限悲伤。
古诗文 不见去年人,泪湿春衫袖。

——[宋]欧阳修《生查子·元夕》

白话 男子汉不会轻易洒下离别的泪水。
古诗文 丈夫非无泪,不洒离别间。

——[唐]陆龟蒙《别离》

愁

白话 相思的煎熬令人难耐。

古诗文 明月楼高休独倚，酒入愁肠，化作相思泪。

——[宋]范仲淹《苏幕遮·怀旧》

白话 白发与愁思等长。

古诗文 白发三千丈，缘愁似个长。

——[唐]李白《秋浦歌十七首·其十五》

白话 无论怎样努力，忧愁还是如流水般不断。

古诗文 抽刀断水水更流，举杯消愁愁更愁。

——[唐]李白《宣州谢朓楼饯别校书叔云》

白话 愁绪就像江边的柳絮，想躲也躲不开。

古诗文 扬子江头杨柳春，杨花愁杀渡江人。

——[唐]郑谷《淮上与友人别》

白话 另一种愁绪与隐恨悄然涌现，无声之时比有声更耐人寻味。

古诗文 别有幽愁暗恨生，此时无声胜有声。

——[唐]白居易《琵琶行》

白话 愁怨堆积在心，犹如一团乱麻。

古诗文 剪不断，理还乱，是离愁。

——[五代]李煜《相见欢·无言独上西楼》

> 白话　愁绪很重，船儿都承受不住了。
>
> 古诗文　只恐双溪舴艋舟，载不动许多愁。

——[宋]李清照《武陵春·春晚》

> 白话　看见风中落花，便担忧春色又减少了。
>
> 古诗文　一片花飞减却春，风飘万点正愁人。

——[唐]杜甫《曲江二首·其一》

> 白话　夜雨秋声，雨打芭蕉，惹人愁思不断。
>
> 古诗文　一声梧叶一声秋，一点芭蕉一点愁，三更归梦三更后。

——[元]徐再思《水仙子·夜雨》

> 白话　花易谢情易变，愁绪如流水般无尽头。
>
> 古诗文　花红易衰似郎意，水流无限似侬愁。

——[唐]刘禹锡《竹枝词·山桃红花满上头》

> 白话　离别虽是忧伤的，但广阔天地会另有一番作为。
>
> 古诗文　浩荡离愁白日斜，吟鞭东指即天涯。

——[清]龚自珍《己亥杂诗·其五》

> 白话　相思之愁郁结不散。
>
> 古诗文　青鸟不传云外信，丁香空结雨中愁。

——[五代]李璟《摊破浣溪沙·手卷真珠上玉钩》

梦

白话 约会时甜蜜而短暂，离别时难舍难分。
古诗文 柔情似水，佳期如梦，忍顾鹊桥归路。

——[宋]秦观《鹊桥仙·纤云弄巧》

白话 与爱人分别后，日夜思念，只能在梦里追寻那相逢的路。
古诗文 相寻梦里路，飞雨落花中。

——[宋]晏几道《临江仙·斗草阶前初见》

白话 南风知晓我的心意，吹我入梦到了西洲。
古诗文 南风知我意，吹梦到西洲。

——[南北朝]佚名《西洲曲》

白话 怀才不遇，不坠青云之志。
古诗文 闲来垂钓碧溪上，忽复乘舟梦日边。

——[唐]李白《行路难·其一》

白话 病中做梦唯独梦不到你。
古诗文 我今因病魂颠倒，唯梦闲人不梦君。

——[唐]元稹《酬乐天频梦微之》

白话 理想与现实总有落差，令人感慨又无奈。
古诗文 庄生晓梦迷蝴蝶，望帝春心托杜鹃。

——[唐]李商隐《锦瑟》

梦

> **白话** 梦里化身一只蝴蝶,仿佛超脱于万物之外。
>
> **古诗文** 梦里栩然蝴蝶、一身轻。

——[宋]苏轼《南歌子·再用前韵》

> **白话** 人生像一场梦,把这杯酒祭给江上的明月吧。
>
> **古诗文** 人生如梦,一尊还酹江月。

——[宋]苏轼《念奴娇·赤壁怀古》

> **白话** 距离遥远,书信太少,只能梦中相见。
>
> **古诗文** 关山魂梦长,鱼雁音尘少。

——[宋]晏几道《生查子·关山魂梦长》

> **白话** 梦中忘却了自己的身份,又回到了从前快乐的日子。
>
> **古诗文** 梦里不知身是客,一晌贪欢。

——[五代]李煜《浪淘沙令·帘外雨潺潺》

> **白话** 时间匆匆流逝,人生如梦一样虚幻。
>
> **古诗文** 世事漫随流水,算来一梦浮生。

——[五代]李煜《乌夜啼·昨夜风兼雨》

> **白话** 梦到故人,因为他知道我想念他之深。
>
> **古诗文** 故人入我梦,明我长相忆。

——[唐]杜甫《梦李白二首·其一》

仇

白话 还有未完成的使命,心中的热血始终沸腾。
古诗文 国仇未报壮士老,匣中宝剑夜有声。

——[宋]陆游《长歌行》

白话 豪气直冲云霄,要怀着坚定的信念,为正义而战。
古诗文 雄气堂堂贯斗牛,誓将直节报君仇。

——[宋]岳飞《题青泥市萧寺壁》

白话 名利于我如浮云。
古诗文 莫言名与利,名利是身仇。

——[唐]杜牧《不寝》

白话 为了正义和信念,即使付出巨大代价也在所不惜。
古诗文 呼卢百万终不惜,报仇千里如咫尺。

——[唐]李白《少年行三首·其三》

白话 成年后辞别父母,与你相守。
古诗文 结发辞严亲,来为君子仇。

——[三国]曹植《浮萍篇》

白话 朝代更替,历史从不以人的意志为转移。
古诗文 子房本为韩仇出,诸葛宁知汉祚移。

——[元]虞集《挽文山丞相》

仇

白话 时光匆匆流逝，故人渐少，年轻人已不知道复仇雪耻。

古诗文 父老长安今余几，后死无仇可雪。

——[宋]陈亮《贺新郎·寄辛幼安和见怀韵》

白话 无论风雨，勇往直前。

古诗文 千场纵博家仍富，几度报仇身不死。

——[唐]高适《邯郸少年行》

白话 国仇深重，只能舍家为国。

古诗文 战苦难酬国，仇深敢忆家？

——[明]夏完淳《即事三首》

白话 时间会冲淡一切，但有些情感会永远铭记在心。

古诗文 醉眼悠悠，千古恩仇。浪卷胥魂，山锁吴愁。

——[元]乔吉《折桂令·风雨登虎丘》

白话 不要执着于个人小怨。

古诗文 不愿报小怨，夜半刺私仇。

——[唐]白居易《李都尉古剑》

白话 无论世界如何变迁，总有一个地方是我们心灵的归宿。

古诗文 儋将山河与日月长在，若有人兮，梦中仇池我归路。

——[宋]苏轼《山坡陀行》

情

白话 相隔万里,思念之情难以抑制。
古诗文 万里经年别,孤灯此夜情。

——[唐]白居易《除夜寄弟妹》

白话 花瓣凋零融入泥土,转化为滋养生命的养分。
古诗文 落红不是无情物,化作春泥更护花。

——[清]龚自珍《己亥杂诗·其五》

白话 爱情若坚贞,时空都无法阻挡。
古诗文 两情若是久长时,又岂在朝朝暮暮。

——[宋]秦观《鹊桥仙·纤云弄巧》

白话 痴狂源于情深,与风月无关。
古诗文 人生自是有情痴,此恨不关风与月。

——[宋]欧阳修《玉楼春·尊前拟把归期说》

白话 离别时,你会对岁月无情有深刻的体悟。
古诗文 衰兰送客咸阳道,天若有情天亦老。

——[唐]李贺《金铜仙人辞汉歌》

白话 夕阳中挥手送别友人。
古诗文 浮云游子意,落日故人情。

——[唐]李白《送友人》

情

白话 多情人最怕离别之苦,更何况是在凄凉的秋天。

古诗文 多情自古伤离别,更那堪,冷落清秋节!

——[宋]柳永《雨霖铃·寒蝉凄切》

白话 多情之人更容易受到情伤的折磨。

古诗文 无情不似多情苦,一寸还成千万缕。

——[宋]晏殊《玉楼春·春恨》

白话 伟大的爱情,能让相爱之人不顾生死。

古诗文 问世间,情是何物,直教生死相许?

——[金]元好问《摸鱼儿·雁丘词》

白话 有的人生命虽然已经消逝,但精神永远激励后人。

古诗文 其人虽已没,千载有余情。

——[魏晋]陶渊明《咏荆轲》

白话 那些美好的事和年代,只有失去后,才懂得珍惜。

古诗文 此情可待成追忆,只是当时已惘然。

——[唐]李商隐《锦瑟》

白话 怀才不遇,其中的孤独与无奈无人懂。

古诗文 汉文有道恩犹薄,湘水无情吊岂知?

——[唐]刘长卿《长沙过贾谊宅》

照

白话 我渴望化作柔和的月光洒在你身上,这是我对你的思念。

古诗文 此时相望不相闻,愿逐月华流照君。

——[唐]张若虚《春江花月夜》

白话 让月色与美酒交融,忘却烦恼。

古诗文 唯愿当歌对酒时,月光长照金樽里。

——[唐]李白《把酒问月·故人贾淳令予问之》

白话 举银灯细看,怕眼前相逢是场梦。

古诗文 今宵剩把银钉照,犹恐相逢是梦中。

——[宋]晏几道《鹧鸪天·彩袖殷勤捧玉钟》

白话 在溪边漫步,身影映入水中,蓝天映在溪底。

古诗文 溪边照影行,天在清溪底。

——[宋]辛弃疾《生查子·独游雨岩》

白话 同一弯明月下,每家都有不同的故事。

古诗文 月儿弯弯照九州,几家欢乐几家愁。

——[宋]佚名《月儿弯弯照九州》

白话 女孩八岁就有了爱美之心。

古诗文 八岁偷照镜,长眉已能画。

——[唐]李商隐《无题二首·八岁偷照镜》

照

| 白话 | 唯有风声与明月，与孤独相伴。
| 古诗文 | 风鸣两岸叶，月照一孤舟。

——[唐]孟浩然《宿桐庐江寄广陵旧游》

| 白话 | 天地万物都是有情的。
| 古诗文 | 泉眼无声惜细流，树阴照水爱晴柔。

——[宋]杨万里《小池》

| 白话 | 害怕海棠深夜凋谢，燃烛欣赏花的美丽。
| 古诗文 | 只恐夜深花睡去，故烧高烛照红妆。

——[宋]苏轼《海棠》

| 白话 | 你不是一面铜镜，为何之执着于表面，不去洞悉内在。
| 古诗文 | 君非青铜镜，何事空照面。

——[唐]李益《游子吟》

| 白话 | 浮生若梦，不如珍惜眼前光景。
| 古诗文 | 为君持酒劝斜阳，且向花间留晚照。

——[宋]宋祁《玉楼春·春景》

| 白话 | 月亮为思念者而明。
| 古诗文 | 江月知人念远，上楼来照黄昏。

——[宋]秦观《木兰花慢·过秦淮旷望》

生

白话 统治者无能，不重贤才，可惜满腹才华却无用武之地。

古诗文 可怜夜半虚前席，不问苍生问鬼神。

——[唐]李商隐《贾生》

白话 只要对国家有利，我绝不会因个人的祸福而逃避。

古诗文 苟利国家生死以，岂因祸福避趋之。

——[清]林则徐《赴戍登程口占示家人二首·其二》

白话 以一人之力静边，不畏生死、以身许国之心唯有佩剑知。

古诗文 独立三边静，轻生一剑知。

——[唐]刘长卿《送李中丞归之襄州》

白话 人生短暂，美好时光难以持久。

古诗文 此生此夜不长好，明月明年何处看。

——[宋]苏轼《阳关曲·中秋月》

白话 悔恨自己辜负了这一辈子的梦想。

古诗文 出门搔白首，若负平生志。

——[唐]杜甫《梦李白三首·其二》

白话 人生像逆行的旅途，我也是旅途中的行者。

古诗文 人生如逆旅，我亦是行人。

——[宋]苏轼《临江仙·送钱穆父》

生

> 白话　决心投笔从戎。
>
> 古诗文　宁为百夫长,胜作一书生。

——[唐]杨炯《从军行》

> 白话　从不懂相思到情深似海,一旦爱上便无法自拔。
>
> 古诗文　平生不会相思,才会相思,便害相思。

——[元]徐再思《蟾宫曲·春情》

> 白话　我自知平凡,只是一个书生。
>
> 古诗文　三尺微命,一介书生。

——[唐]王勃《滕王阁序》

> 白话　做人应当顶天立地,气贯长虹。
>
> 古诗文　生当作人杰,死亦为鬼雄。

——[宋]李清照《夏日绝句》

> 白话　感慨人与人之间情感变化的无常。
>
> 古诗文　人生若只如初见,何事秋风悲画扇。

——[清]纳兰性德《木兰花·拟古决绝词柬友》

> 白话　众生平等。
>
> 古诗文　谁道群生性命微?一般骨肉一般皮。

——[唐]白居易《鸟》

楼

白话 诗人对自己过去荒唐生活的反思和自责之情。

古诗文 十年一觉扬州梦,赢得青楼薄幸名。

——[唐]杜牧《遣怀》

白话 山河破碎,可恨这些权贵只知醉生梦死。

古诗文 山外青山楼外楼,西湖歌舞几时休?

——[宋]林升《题临安邸》

白话 楼前的浓密绿荫,每根柳丝都寄托着一份柔情。

古诗文 楼前绿暗分携路,一丝柳、一寸柔情。

——[宋]吴文英《风入松·听风听雨过清明》

白话 我已准备好去迎接万般美好。

古诗文 景阳楼畔千条路,一面新妆待晓风。

——[唐]温庭筠《杨柳枝八首·其七》

白话 抬头望天,只有一弯冷月相伴,满腹孤独与哀愁。

古诗文 无言独上西楼,月如钩。

——[五代]李煜《相见欢·无言独上西楼》

白话 亡国哀思,不敢回忆曾经的美好。

古诗文 小楼昨夜又东风,故国不堪回首月明中。

——[五代]李煜《虞美人·春花秋月何时了》

楼

> 白话　残阳半落，朱帘斜挂，终是无法摆脱愁思。
> 古诗文　一半残阳下小楼，朱帘斜控软金钩。倚阑无绪不能愁。

——[清]纳兰性德《浣溪沙·一半残阳下小楼》

> 白话　登上高楼饮酒，心中豪情万丈。
> 古诗文　长风万里送秋雁，对此可以酣高楼。

——[唐]李白《宣州谢朓楼饯别校书叔云》

> 白话　老来心力交瘁，发觉懒得爬楼了。
> 古诗文　不知筋力衰多少，但觉新来懒上楼。

——[宋]辛弃疾《鹧鸪天·鹅湖归病起作》

> 白话　凭栏远眺，云起日沉，雨来风满，这世间也要有大变化了。
> 古诗文　溪云初起日沉阁，山雨欲来风满楼。

——[唐]许浑《咸阳城东楼》

> 白话　登上高楼，眼前繁花似锦，但在这多难的时刻却让人伤心。
> 古诗文　花近高楼伤客心，万方多难此登临。

——[唐]杜甫《登楼》

> 白话　对身在异地人的思念和期盼。
> 古诗文　云中谁寄锦书来？雁字回时，月满西楼。

——[宋]李清照《一剪梅·红藕香残玉簟秋》

城

白话 清晨时分,去看那被春雨湿润之处,锦官城花团锦簇。

古诗文 晓看红湿处,花重锦官城。

——[唐]杜甫《春夜喜雨》

白话 友人即将踏上漫长旅途,我实在不舍。

古诗文 城阙辅三秦,风烟望五津。

——[唐]王勃《送杜少府之任蜀州》

白话 追忆把盏时的美丽风姿,春已至,她却已遥不可及。

古诗文 红酥手,黄縢酒,满城春色宫墙柳。

——[宋]陆游《钗头凤·红酥手》

白话 暮霭沉沉,山衔落日,城门紧闭,一片寂寥萧瑟。

古诗文 千嶂里,长烟落日孤城闭。

——[宋]范仲淹《渔家傲·秋思》

白话 野草蔓延到古道上,草色与荒城相连。

古诗文 远芳侵古道,晴翠接荒城。

——[唐]白居易《赋得古原草送别》

白话 即使外面的世界千般好,也盼望着早日踏上归家之路。

古诗文 锦城虽云乐,不如早还家。

——[唐]李白《蜀道难》

城

| 白话 | 秋风急不可耐地先到了家乡。
| 古诗文 | 秋风不相待，先至洛阳城。

——[唐]张说《蜀道后期》

| 白话 | 写家书时，想说的太多，但不知从何写起。
| 古诗文 | 洛阳城里见秋风，欲作家书意万重。

——[唐]张籍《秋思》

| 白话 | 战争带来了荒凉。
| 古诗文 | 千家万家鸡犬尽，十城五城烟火空。

——[明]何景明《盘江行》

| 白话 | 美人可遇不可求。
| 古诗文 | 宁不知倾城与倾国，佳人难再得。

——[汉]李延年《李延年歌》

| 白话 | 收到珍贵的礼物，感激不尽。
| 古诗文 | 佳人遗我云中翮，何以赠之连城璧。

——[晋]张载《拟四愁诗四首·其二》

| 白话 | 只要有能征善战的将军，皇帝就不必再为边防费心思。
| 古诗文 | 但得将军能百胜，不须天子筑长城。

——[唐]胡皓《大漠行》

门

白话 坚信自己绝非平庸之人。

古诗文 仰天大笑出门去，我辈岂是蓬蒿人。

——[唐]李白《南陵别儿童入京》

白话 风雪夜，山人归家，犬吠迎人。

古诗文 柴门闻犬吠，风雪夜归人。

——[唐]刘长卿《逢雪宿芙蓉山主人》

白话 世态炎凉，门前冷落，只能自力更生。

古诗文 路旁时卖故侯瓜，门前学种先生柳。

——[唐]王维《老将行》

白话 达官贵人生活糜烂，不修战备。

古诗文 朱门沉沉按歌舞，厩马肥死弓断弦。

——[宋]陆游《关山月》

白话 家门久闭，今日特为君开。

古诗文 花径不曾缘客扫，蓬门今始为君开。

——[唐]杜甫《客至》

白话 秋风强劲，浩荡万里，吹过玉门关。

古诗文 长风几万里，吹度玉门关。

——[唐]李白《关山月》

门

> 白话　静静旁观这世间万象的生发与变迁。
>
> 古诗文　下瞰千门静，旁观万象生。
>
> ——[唐]刘辟《登楼望月二首》

> 白话　春燕新巢筑成，家中增添生机，又怎会心生憎恶。
>
> 古诗文　大厦已成须庆贺，高门频入莫憎嫌。
>
> ——[唐]刘兼《春燕》

> 白话　一切皆有可能。
>
> 古诗文　谁道人生无再少？门前流水尚能西！
>
> ——[宋]苏轼《浣溪沙·游蕲水清泉寺》

> 白话　女子嫁入权势之家，与曾经的恋人从此形同陌路。
>
> 古诗文　侯门一入深如海，从此萧郎是路人。
>
> ——[唐]崔郊《赠去婢》

> 白话　元旦伊始，万象更新。
>
> 古诗文　千门万户曈曈日，总把新桃换旧符。
>
> ——[宋]王安石《元日》

> 白话　与伴侣共度寒冬，格外温馨。
>
> 古诗文　门外风号雁阵低，拥衾同看残灯落。
>
> ——[宋]李之仪《四时词拟徐陵用今体次东坡旧韵·冬》

窗

白话 盼着再见面,想向你诉说雨夜中的思念之情。
古诗文 何当共剪西窗烛,却话巴山夜雨时。

——[唐]李商隐《夜雨寄北》

白话 鸟儿飞,白云近,这是山中小屋独特的景致。
古诗文 鸟向檐上飞,云从窗里出。

——[南北朝]吴均《山中杂诗》

白话 世界喧嚣与嘈杂无处不在,我渴望寻得一方宁静之地。
古诗文 北窗高卧,莫教啼鸟惊著。

——[宋]辛弃疾《念奴娇·其六·赋雨岩》

白话 虽居室豪华,内心却孤寂、痛苦。
古诗文 纱窗日落渐黄昏,金屋无人见泪痕。

——[唐]刘方平《春怨》

白话 秋天,看着窗前风雨,更增添了凄凉愁绪。
古诗文 已觉秋窗秋不尽,那堪风雨助凄凉!

——[清]曹雪芹《红楼梦·秋窗风雨夕》

白话 您从我家乡来的时候,我家的梅花开没开?
古诗文 来日绮窗前,寒梅著花未?

——[唐]王维《杂诗三首》

窗

| 白话 | 春夜微暖,你听,窗外的小虫叫了。
| 古诗文 | 今夜偏知春气暖,虫声新透绿窗纱。

——[唐]刘方平《月夜》

| 白话 | 书房读书,溪边垂钓,都是生活中美好之事。
| 古诗文 | 窗含远色通书幌,鱼拥香钩近石矶。

——[唐]李贺《南园十三首》

| 白话 | 人去楼空,诗人在怀念着朋友。
| 古诗文 | 明月不知君已去,夜深还照读书窗。

——[宋]刘子翚《绝句送巨山》

| 白话 | 读书入迷了,忘记了时间的流逝。
| 古诗文 | 闲坐小窗读周易,不知春去几多时。

——[宋]叶采《暮春即事》

| 白话 | 思念过度,仿佛看到你来到我的窗前。
| 古诗文 | 相思一夜梅花发,忽到窗前疑是君。

——[唐]卢仝《有所思》

| 白话 | 梅花开了,寻常的夜晚便不寻常了。
| 古诗文 | 寻常一样窗前月,才有梅花便不同。

——[宋]杜耒《寒夜》

乡

白话 一统天下、荣归故里的豪情壮志。
古诗文 大风起兮云飞扬,威加海内兮归故乡。

——[汉]刘邦《大风歌》

白话 年复一年,心心念念的始终是故乡。
古诗文 西北望乡何处是,东南见月几回圆。

——[唐]白居易《八月十五日夜湓亭望月》

白话 岁月流逝,但对故乡情深难忘。
古诗文 人生岂得长无谓,怀古思乡共白头。

——[唐]李商隐《无题·万里风波一叶舟》

白话 不敢在年老之前去面对弥漫战乱烽火的故乡。
古诗文 未老莫还乡,还乡须断肠。

——[唐]韦庄《菩萨蛮·人人尽说江南好》

白话 只要美酒醉人,我恐会错把他乡做故乡。
古诗文 但使主人能醉客,不知何处是他乡。

——[唐]李白《客中作》

白话 小时离故乡,垂老才归家。
古诗文 少小离家老大回,乡音无改鬓毛衰。

——[唐]贺知章《回乡偶书》

| 白话 | 看同一个月亮,想同一个故乡。
| 古诗文 | 共看明月应垂泪,一夜乡心五处同。

——[唐]白居易《望月有感》

| 白话 | 随遇而安。
| 古诗文 | 试问岭南应不好,却道:此心安处是吾乡。

——[宋]苏轼《定风波·南海归赠王定国侍人寓娘》

| 白话 | 快回到故乡了,不敢向家乡来人打听消息。
| 古诗文 | 近乡情更怯,不敢问来人。

——[唐]宋之问《渡汉江》

| 白话 | 思乡之愁难以排解。
| 古诗文 | 故乡何处是,忘了除非醉。

——[宋]李清照《菩萨蛮·风柔日薄春犹早》

| 白话 | 春意萌动的美妙景象。
| 古诗文 | 醉乡中,东风唤醒梨花梦。

——[元]马致远《小桃红·画堂春暖绣帏重》

| 白话 | 感叹自己身处他乡。
| 古诗文 | 此乡非吾地,此郭非吾城。

——[西晋]张协《杂诗十首·其七》

镜

白话 年龄见长,愁生白发。

古诗文 不知明镜里,何处得秋霜。

——[唐]李白《秋浦歌十七首·其十五》

白话 感慨还没建功立业就老了。

古诗文 塞上长城空自许,镜中衰鬓已先斑。

——[宋]陆游《书愤五首·其一》

白话 照镜子怕见到白发,吟诗时感到寒意,愁绪满怀。

古诗文 晓镜但愁云鬓改,夜吟应觉月光寒。

——[唐]李商隐《无题·相见时难别亦难》

白话 美好的事物总是短暂的。

古诗文 最是人间留不住,朱颜辞镜花辞树。

——[清末民初]王国维《蝶恋花·阅尽天涯离别苦》

白话 白发无法消除,青春一去不回。

古诗文 镜中苍鬓摘还满,花上青春唤不回。

——[宋]李弥逊《西山冈得步奉怀蹈元》

白话 心中郁闷,常常借酒消愁,变得日渐憔悴。

古诗文 日日花前常病酒,敢辞镜里朱颜瘦。

——[五代]冯延巳《鹊踏枝·谁道闲情抛掷久》

镜

| 白话 | 再次回到故乡,除了湖水依旧,一切都变了。 |
| 古诗文 | 惟有门前镜湖水,春风不改旧时波。 |

——[唐]贺知章《回乡偶书·其二》

| 白话 | 两江之间,一潭湖水像明镜,两座桥就像天上落下的彩虹。 |
| 古诗文 | 两水夹明镜,双桥落彩虹。 |

——[唐]李白《秋登宣城谢朓北楼》

| 白话 | 人虽老,但心还热,国仇家恨不敢忘怀。 |
| 古诗文 | 镜里流年两鬓残,寸心自许尚如丹。 |

——[宋]陆游《书愤二首·其二》

| 白话 | 女子梳妆,脸上的妆容与头上的花相互辉映。 |
| 古诗文 | 照花前后镜,花面交相映。 |

——[唐]温庭筠《菩萨蛮·小山重叠金明灭》

| 白话 | 若不信我相思苦,镜前来看憔悴容颜。 |
| 古诗文 | 不信妾肠断,归来看取明镜前。 |

——[唐]李白《长相思三首·其三》

| 白话 | 不知不觉,情怀衰减,人也老了。 |
| 古诗文 | 情怀渐觉成衰晚,鸾镜朱颜惊暗换。 |

——[宋]钱惟演《玉楼春·城上风光莺语乱》

灯

白话 岁月流转间,珍藏着与你共度的温暖记忆。

古诗文 桃李春风一杯酒,江湖夜雨十年灯。

——[宋]黄庭坚《寄黄几复》

白话 夜已过半,百无聊赖地等待客人。

古诗文 有约不来过夜半,闲敲棋子落灯花。

——[宋]赵师秀《约客》

白话 在醉酒之中,怀念曾经的雄心壮志。

古诗文 醉里挑灯看剑,梦回吹角连营。

——[宋]辛弃疾《破阵子·为陈同甫赋壮词以寄之》

白话 心中的思念让我难以入眠。

古诗文 夕殿萤飞思悄然,孤灯挑尽未成眠。

——[唐]白居易《长恨歌》

白话 暗夜深处有光,点亮归途与希望。

古诗文 月黑见渔灯,孤光一点萤。

——[清]查慎行《舟夜书所见》

白话 灯火不熄,青春奋斗的最美时光。

古诗文 三更灯火五更鸡,正是男儿读书时。

——[唐]颜真卿《劝学》

灯

白话 烛光温柔,与你共度,心生欢喜。

古诗文 今夕复何夕,共此灯烛光。

——[唐]杜甫《赠卫八处士》

白话 梦中万般美好,梦醒却惆怅不已。

古诗文 灯前一觉江南梦,惆怅起来山月斜。

——[唐]韦庄《含山店梦觉作》

白话 大自然真是可爱美好。

古诗文 雨中山果落,灯下草虫鸣。

——[唐]王维《秋夜独坐》

白话 一场热闹欢聚结束,累了,也有点儿厌倦了。

古诗文 灯月阑珊嬉游处。游人尽、厌欢聚。

——[宋]柳永《归去来·初过元宵三五》

白话 跨越万水千山,心系远方灯火。

古诗文 山一程,水一程,身向榆关那畔行,夜深千帐灯。

——[清]纳兰性德《长相思·山一程》

白话 所寻的人往往在不经意的时刻出现。

古诗文 蓦然回首,那人却在,灯火阑珊处。

——[宋]辛弃疾《青玉案·元夕》

火

白话 战乱时的一封家书，最能温暖人心。
古诗文 烽火连三月，家书抵万金。

——[唐]杜甫《春望》

白话 顺应时节变化安排生活。
古诗文 七月流火，九月授衣。

——[先秦]佚名《诗经·豳风·七月》

白话 岁月静好，生活安宁。
古诗文 山上层层桃李花，云间烟火是人家。

——[唐]刘禹锡《竹枝词九首·其九》

白话 用烟花来衬托欢快祥和的节日气氛。
古诗文 火树银花合，星桥铁锁开。

——[唐]苏味道《正月十五夜》

白话 夜里来客，煮茶热情招待。
古诗文 寒夜客来茶当酒，竹炉汤沸火初红。

——[宋]杜耒《寒夜》

白话 历经千锤百炼，像石灰一样坚贞不屈。
古诗文 千锤万凿出深山，烈火焚烧若等闲。

——[明]于谦《石灰吟》

火

> **白话** 伤感时远眺，高城已不见，万家灯火亮起，天色已黄昏。
>
> **古诗文** 伤情处，高城望断，灯火已黄昏。
>
> ——[宋]秦观《满庭芳·山抹微云》

> **白话** 透过现象看本质。
>
> **古诗文** 草萤有耀终非火，荷露虽团岂是珠。
>
> ——[唐]白居易《放言五首·其一》

> **白话** 看透人生虚无，应珍惜当下时光。
>
> **古诗文** 蜗牛角上争何事，石火光中寄此身。
>
> ——[唐]白居易《对酒五首·其二》

> **白话** 走出旧情绪，学会活在当下。
>
> **古诗文** 休对故人思故国，且将新火试新茶。
>
> ——[宋]苏轼《望江南·超然台作》

> **白话** 心灰意冷，鬓发斑白，岁月无情。
>
> **古诗文** 心灰不及炉中火，鬓雪多于砌下霜。
>
> ——[唐]白居易《冬至夜》

> **白话** 享天伦之乐，人生足矣。
>
> **古诗文** 一尺鲈鱼新钓得，儿孙吹火荻花中。
>
> ——[唐]郑谷《淮上渔者》

燃

白话 开心的时候，没人愿意早早离开。

古诗文 燃膏飞控逐流光，露溢金盘乐未央。

——[宋]程俱《题蒋崇德彝所藏明皇夜游图·其一》

白话 为儿女煮食豆荚的情形与对豆秸的怜惜。

古诗文 煮啖快输儿女吻，燃萁不忍尚堆青。

——[宋]郑清之《食豆荚》

白话 盛夏时节，石榴红，荷叶肥，荷花香。

古诗文 正榴燃红炬，枝头色艳，荷翻绿盖，池面香浮。

——[宋]赵师侠《沁园春·和伍子严避暑二首》

白话 生活就该随心所欲，洒脱自在。

古诗文 汲江燃竹，买鱼沽酒，沈醉休教醒。

——[明]林鸿《青玉案·钓台遇雪》

白话 失势与得势非是绝对，福祸相依不可预知。

古诗文 何幸复燃灰不死，未应为失马重归。

——[宋]宋祁《有诏解郡作》

白话 红莲倒影犹如水中火焰。

古诗文 遥望芙蓉影，只言水底燃。

——[南北朝]庾信《咏画屏风诗二十五首·其三》

燃

| 白话 | 柳更绿，花更艳，生命尽情绽放。
| 古诗文 | 柳条著雨看成绿，花蕊融冰乍欲燃。

——[宋]刘攽《腊月十九日雨后》

| 白话 | 良才未被埋没，遇契机终得显耀。
| 古诗文 | 蛟龙出苍干，电火燃裂腹。

——[宋]李廌《霹雳琴》

| 白话 | 曾经那个意气风发的你在哪里？
| 古诗文 | 清狂上客知何处，恨不同燃柏径槎。

——[宋]邹浩《和彦祖寄次萧》

| 白话 | 一个笑容，足以点燃人的心。
| 古诗文 | 夜阑白月照管弦，美人一笑夭桃燃。

——[宋]邹浩《王景亮携晁无咎清美堂记来求诗为赋此一篇》

| 白话 | 深红色的花儿在春天盛放，也点燃了人们内心的热情。
| 古诗文 | 春来买断深红色，烧得人心似火燃。

——[宋]石懋《金钱花》

| 白话 | 年华流逝令人惊心。
| 古诗文 | 频听银签，重燃绛蜡，年华衮衮惊心。

——[宋]韩疁《高阳台·除夜》

影

白话 池塘清澈如镜,天光云影交辉倒映池中。
古诗文 半亩方塘一鉴开,天光云影共徘徊。

——[宋]朱熹《观书有感二首·其一》

白话 朋友乘坐的孤帆渐渐远去,我依然久久伫立凝望。
古诗文 孤帆远影碧空尽,唯见长江天际流。

——[唐]李白《黄鹤楼送孟浩然之广陵》

白话 以水为镜,眷念逝去的美好时光。
古诗文 伤心桥下春波绿,曾是惊鸿照影来。

——[宋]陆游《沈园二首·其一》

白话 在孤独中思考人生、感悟世界,保持深邃且超脱的姿态。
古诗文 谁见幽人独往来,缥缈孤鸿影。

——[宋]苏轼《卜算子·黄州定慧院寓居作》

白话 对时光流逝、青春不再的无奈与感慨。
古诗文 那堪玄鬓影,来对白头吟。

——[唐]骆宾王《在狱咏蝉》

白话 失去挚爱的凄凉和悲壮。
古诗文 渺万里层云,千山暮雪,只影向谁去?

——[金]元好问《摸鱼儿·雁丘词》

| 白话 | 哪怕只有一丝光,也不再畏惧黑暗。
| 古诗文 | 惟怜一灯影,万里眼中明。

——[唐]钱起《送僧归日本》

| 白话 | 两颗心相互依偎,缠绵悱恻。
| 古诗文 | 双心一影俱回翔,吐情寄君君莫忘。

——[南北朝]沈约《四时白纻歌五首·其三·秋白纻》

| 白话 | 在明月之下,独孤的人和影子成为朋友。
| 古诗文 | 举杯邀明月,对影成三人。

——[唐]李白《月下独酌四首》

| 白话 | 心上人将至,等待的人的内心充满期待。
| 古诗文 | 拂墙花影动,疑是玉人来。

——[唐]崔莺莺《答张生》

| 白话 | 须面对现实,懂得放下执念。
| 古诗文 | 千里寻月影,终是枉工夫。

——[唐]庞蕴《诗偈·其一七八》

| 白话 | 赞颂如梅花一般清雅高洁的精神品质。
| 古诗文 | 疏影横斜水清浅,暗香浮动月黄昏。

——[宋]林逋《山园小梅二首·其一》

刀

> **白话** 为志向和爱好不惜代价。
> **古诗文** 不惜千金买宝刀，貂裘换酒也堪豪。

——[清]秋瑾《对酒》

> **白话** 愁绪难消，心结难解。
> **古诗文** 算人间没个并刀，剪断心上愁痕。

——[宋]黄孝迈《湘春夜月·近清明》

> **白话** 宝刀待豪杰，骏马求英雄。
> **古诗文** 藏得宝刀求主带，调成骏马乞人骑。

——[唐]张籍《赠王司马》

> **白话** 感叹怀才不遇、壮志难酬。
> **古诗文** 谁为立勋者，可惜宝刀闲。

——[唐]马戴《陇上独望》

> **白话** 女子做女红的细致姿态。
> **古诗文** 广裁衫袖长制裙，金斗熨波刀剪纹。

——[唐]白居易《缭绫》

> **白话** 借花喻人，对无情现实的控诉。
> **古诗文** 一年三百六十日，风刀霜剑严相逼。

——[清]曹雪芹《红楼梦·葬花吟》

> **白话** 诗人构思精巧，文采斐然。
>
> **古诗文** 玉尺金刀俱在手，把天机云锦裁成句。

——[元]张之翰《金缕曲·题倪元镇画竹》

> **白话** 为了理想抛头颅、洒热血。
>
> **古诗文** 我自横刀向天笑，去留肝胆两昆仑。

——[清]谭嗣同《狱中题壁》

> **白话** 老当益壮，保持勇武。
>
> **古诗文** 试问谁家子，乃老能佩刀。

——[唐]李贺《感讽六首·其四》

> **白话** 离别时，鼓励朋友勇往直前。
>
> **古诗文** 离魂莫惆怅，看取宝刀雄！

——[唐]高适《送李侍御赴安西》

> **白话** 剪下一缕秀发，与亲笔信一起封装，寄给心上人。
>
> **古诗文** 金剪刀，青丝发，香墨蛮笺亲札。

——[五代]冯延巳《更漏子·金剪刀》

> **白话** 离别之苦从古至今都是人们心中难以排遣的遗憾。
>
> **古诗文** 别离久，今古恨，大刀头。

——[宋]张元幹《水调歌头·和芗林居士中秋》

剑

白话 空负豪杰气概与抱负，却无人识得真英雄。

古诗文 堂堂剑气，斗牛空认奇杰。

——[宋]邓剡（一说文天祥）《酹江月·驿中言别》

白话 长久地努力和准备，只为等待一个展示自己的机会。

古诗文 十年磨一剑，霜刃未曾试。

——[唐]贾岛《剑客》

白话 剑光凌厉直插夜空，光芒映照到海湾。

古诗文 剑气峥嵘夜插天，瑞光明灭到黄湾。

——[宋]苏轼《浴日亭》

白话 一生追求逍遥自在，却被世人指责为狂放不羁。

古诗文 一箫一剑平生意，负尽狂名十五年。

——[清]龚自珍《漫感》

白话 突破思想和现实的束缚，就能到达令人惊叹和向往的境界。

古诗文 万一禅关砉然破，美人如玉剑如虹。

——[清]龚自珍《夜坐二首》

白话 即使遭遇挫折，也不改其志。

古诗文 月缺不改光，剑折不改刚。

——[宋]梅尧臣《古意》

剑

> 白话　感慨友情的脆弱与世态的炎凉。
>
> 古诗文　白首相知犹按剑，朱门先达笑弹冠。

——[唐]王维《酌酒与裴迪》

> 白话　山河破碎，须用长剑荡涤胡尘，重整山河。
>
> 古诗文　举头西北浮云，倚天万里须长剑。

——[宋]辛弃疾《水龙吟·过南剑双溪楼》

> 白话　诗人想要以腰间的宝剑，杀敌报国。
>
> 古诗文　愿将腰下剑，直为斩楼兰。

——[唐]李白《塞下曲六首·其一》

> 白话　相信自己的能力，不管面对什么挑战，定能取胜。
>
> 古诗文　鲸饮未吞海，剑气已横秋。

——[宋]辛弃疾《水调歌头·和马叔度游月波楼》

> 白话　带着决心和勇气，迎着挑战，踏上新征程。
>
> 古诗文　弓背霞明剑照霜，秋风走马出咸阳。

——[唐]令狐楚《少年行四首·其三》

> 白话　新的一天开始了。
>
> 古诗文　花迎剑佩星初落，柳拂旌旗露未干。

——[唐]岑参《奉和中书舍人贾至早朝大明宫》

茶

白话 黄昏时分,诗人被皇帝邀请进宫喝茶。
古诗文 绿槐夹道集昏鸦,敕使传宣坐赐茶。

——[宋]周必大《入直召对选德殿赐茶而退》

白话 在病中以豆蔻水为饮,不要做繁复的分茶动作了。
古诗文 豆蔻连梢煎熟水,莫分茶。

——[宋]李清照《摊破浣溪沙·病起萧萧两鬓华》

白话 时光匆匆,老友渐行渐远,谁还能陪我共饮午茶呢?
古诗文 叹息老来交旧尽,睡来谁共午瓯茶。

——[宋]陆游《幽居初夏》

白话 疲惫时,只想找地方休息;口渴时,渴望一杯茶。
古诗文 酒困路长惟欲睡,日高人渴漫思茶。

——[宋]苏轼《浣溪沙·簌簌衣巾落枣花》

白话 在悠闲的时光里随性练笔,享受晴日窗边的宁静,细品茶香。
古诗文 矮纸斜行闲作草,晴窗细乳戏分茶。

——[宋]陆游《临安春雨初霁》

白话 无论世事如何变迁,有些东西总能唤起我们的记忆。
古诗文 琴里知闻唯渌水,茶中故旧是蒙山。

——[唐]白居易《琴茶》

茶

白话 因生活苦涩，更懂得珍惜那些能带来一丝慰藉的小确幸。

古诗文 酒阑更喜团茶苦，梦断偏宜瑞脑香。

——[宋]李清照《鹧鸪天·寒日萧萧上琐窗》

白话 人间烟火，岁月静好。

古诗文 山僧过岭看茶老，村女当炉煮酒香。

——[明]祝允明《首夏山中行吟》

白话 在忙碌中寻找片刻的宁静。

古诗文 洗砚鱼吞墨，烹茶鹤避烟。

——[宋]魏野《书逸人俞太中屋壁》

白话 一道紫茶洗净尘心，胜过流霞仙酒。

古诗文 竹下忘言对紫茶，全胜羽客醉流霞。

——[唐]钱起《与赵莒茶宴》

白话 在平凡的日常中品味生活的美好。

古诗文 茶饼嚼时香透齿，水沉烧处碧凝烟。

——[唐]李涛《春昼回文》

白话 在茶香中感受生活的闲适。

古诗文 今日鬓丝禅榻畔，茶烟轻飏落花风。

——[唐]杜牧《题禅院》

酒

白话 时光已逝,再难寻回少年同游之乐。
古诗文 欲买桂花同载酒,终不似、少年游。

——[宋]刘过《唐多令·芦叶满汀州》

白话 在花丛中自斟自饮,心中格外孤独。
古诗文 花间一壶酒,独酌无相亲。

——[唐]李白《月下独酌四首》

白话 追问青天,也是在追问人生起伏与命运无常。
古诗文 明月几时有?把酒问青天。

——[宋]苏轼《水调歌头·明月几时有》

白话 新酿美酒诱人,邀友共享这份温暖与美好。
古诗文 绿蚁新醅酒,红泥小火炉。

——[唐]白居易《问刘十九》

白话 勇士出征前的豪情壮志。
古诗文 葡萄美酒夜光杯,欲饮琵琶马上催。

——[唐]王翰《凉州词》

白话 寄情山水,向往归隐的生活状态。
古诗文 倾白酒,对青山,笑指柴门待月还。

——[五代]李珣《杂歌谣辞·渔父歌》

酒

白话 在山水之间尽享独属自己的惬意时光。

古诗文 一壶酒，一竿身，快活如侬有几人。

——[五代]李煜《渔父·浪花有意千里雪》

白话 咸阳少年意气风发。

古诗文 新丰美酒斗十千，咸阳游侠多少年。

——[唐]王维《少年行四首·其二》

白话 新词佐酒，旧时的亭台依旧如故，闲愁涌上心头。

古诗文 一曲新词酒一杯，去年天气旧亭台。

——[宋]晏殊《浣溪沙·一曲新词酒一杯》

白话 醉后豪放不羁，不拘礼法，不慕权贵。

古诗文 天子呼来不上船，自称臣是酒中仙。

——[唐]杜甫《饮中八仙歌》

白话 丰收之年，农家待客诚意满满。

古诗文 莫笑农家腊酒浑，丰年留客足鸡豚。

——[宋]陆游《游山西村》

白话 借酒浇愁，愁得酒未沾唇，泪已先流。

古诗文 愁肠已断无由醉，酒未到，先成泪。

——[宋]范仲淹《御街行·秋日怀旧》

路

白话 对女子深深的倾慕和不舍。

古诗文 春风十里扬州路,卷上珠帘总不如。

——[唐]杜牧《赠别二首·其一》

白话 我的情怀超凡脱俗,有着高远的追求。

古诗文 我欲穿花寻路,直入白云深处,浩气展虹霓。

——[宋]黄庭坚《水调歌头·游览》

白话 清明时节,细雨纷纷,羁旅之人愁思深重。

古诗文 清明时节雨纷纷,路上行人欲断魂。

——[唐]杜牧《清明》

白话 请相信,人生的每段经历都有价值。

古诗文 不用频嗟世路难,浮生各自系悲欢。

——[唐]司空图《洛中三首》

白话 贪恋路旁欢愉,脚步因此放慢。

古诗文 犹惜路傍歌舞处,踟蹰相顾不能归。

——[唐]崔液《上元夜六首·其六》

白话 感到未来一片茫然,不知路在何方。

古诗文 行路难,行路难,多歧路,今安在?

——[唐]李白《行路难三首·其一》

> **白话** 忘却了时间的流逝,满是惬意与美好。
>
> **古诗文** 春风江上路,不觉到君家。
>
> ——[明]高启《寻胡隐君》

> **白话** 旅途充满了艰辛,还伴随着无奈,但更需要坚持。
>
> **古诗文** 关山虽胜路难堪,才上征鞍又解骖。
>
> ——[清]吴伟业《阻雪》

> **白话** 人生路难,仕途凶险。
>
> **古诗文** 世路山河险,君门烟雾深。
>
> ——[唐]刘禹锡《九日登高》

> **白话** 每一步前行,都要面临未知的危险与挑战。
>
> **古诗文** 赤路如龙蛇,不知几千丈。
>
> ——[宋]邹浩《咏路》

> **白话** 别回头,回首只会徒增伤感。
>
> **古诗文** 西州路,不应回首,为我沾衣。
>
> ——[宋]苏轼《八声甘州·寄参寥子》

> **白话** 你已远去,我仍久久凝望。
>
> **古诗文** 凌波不过横塘路,但目送、芳尘去。
>
> ——[宋]贺铸《青玉案·凌波不过横塘路》

白话 路途艰险又那样遥远,我们什么时候能够再见面呢。
古诗文 道路阻且长,会面安可知。

——[汉]佚名《行行重行行》

白话 最亲还是家乡人。
古诗文 耆老遮归路,壶浆满别筵。

——[唐]白居易《别州民》

白话 深深思念故乡,但距离遥远,感到无力和忧伤。
古诗文 还顾望旧乡,长路漫浩浩。

——[汉]佚名《涉江采芙蓉》

白话 前路漫漫,我要用一生去追求理想。
古诗文 路漫漫其修远兮,吾将上下而求索。

——[先秦]屈原《离骚》

白话 不必因离别而伤感。
古诗文 无为在歧路,儿女共沾巾。

——[唐]王勃《送杜少府之任蜀州》

白话 山路虽曲折,但景色迷人,因陶醉其中而忘记了时间。
古诗文 千岩万转路不定,迷花倚石忽已暝。

——[唐]李白《梦游天姥吟留别》

路

> 白话　天地广阔，四通八达，人生漂泊不定。
> 古诗文　天长地阔多歧路，身即飞蓬共水萍。
>
> ——[唐]欧阳詹《泉州赴上都留别舍弟及故人》

> 白话　虽前途未卜，但终点繁花似锦。
> 古诗文　关山客子路，花柳帝王城。
>
> ——[唐]卢照邻《送二兄入蜀》

> 白话　道路有尽头，而悲伤无终极。
> 古诗文　谁谓帝宫远，路极悲有余。
>
> ——[晋]潘岳《悼亡诗三首》

> 白话　路人问路，小儿怕惊扰鱼儿，老远就招手替代应答。
> 古诗文　路人借问遥招手，怕得鱼惊不应人。
>
> ——[唐]胡令能《小儿垂钓》

> 白话　命运的打击总是突然而至。
> 古诗文　一封朝奏九重天，夕贬潮州路八千。
>
> ——[唐]韩愈《左迁至蓝关示侄孙湘》

> 白话　路途遥远，思念跨越山海，难以到达。
> 古诗文　斜月沉沉藏海雾，碣石潇湘无限路。
>
> ——[唐]张若虚《春江花月夜》

白话　想把思念化为飞鸟，只为能知晓你的消息。

古诗文　蓬山此去无多路，青鸟殷勤为探看。

——[唐]李商隐《无题·相见时难别亦难》

白话　绿野堂美名远扬，人人都夸令公德高望重。

古诗文　绿野堂开占物华，路人指道令公家。

——[唐]白居易《奉和令公绿野堂种花》

白话　春山无人，风景自在。

古诗文　芳树无人花自落，春山一路鸟空啼。

——[唐]李华《春行即兴》

白话　对想见之人难觅踪迹的怅惘与迷茫。

古诗文　落叶人何在，寒云路几层。

——[唐]李商隐《北青萝》

白话　幽静深远和淡泊的读书环境。

古诗文　闲门向山路，深柳读书堂。

——[唐]刘眘虚《阙题》

白话　花香在手，想送到你身边，可惜遥不可及。

古诗文　馨香盈怀袖，路远莫致之。

——[汉]佚名《庭中有奇树》

> **白话** 春雨之后，宜出门踏青。
>
> **古诗文** 软草平莎过雨新，轻沙走马路无尘。
>
> ——[宋]苏轼《浣溪沙·软草平莎过雨新》

> **白话** 年少不知愁，无忧无虑。
>
> **古诗文** 常记溪亭日暮，沉醉不知归路。
>
> ——[宋]李清照《如梦令·常记溪亭日暮》

> **白话** 音信断绝，归乡无望时最痛苦。
>
> **古诗文** 雁来音信无凭，路遥归梦难成。
>
> ——[五代]李煜《清平乐·别来春半》

> **白话** 小草处处都能扎根，生命力顽强。
>
> **古诗文** 天北天南绕路边，托根无处不延绵。
>
> ——[唐]唐彦谦《春草》

> **白话** 登上高楼俯瞰，希望白雪能盖住世上一切险恶的岔路。
>
> **古诗文** 如今好上高楼望，盖尽人间恶路岐。
>
> ——[唐]高骈《对雪》

> **白话** 领悟和感恩古人的智慧和远见。
>
> **古诗文** 烈日流金路无尽，此时方识古人心。
>
> ——[宋]赵善括《过前冈见毁松有感·其二》

春

白话 世间万物遵循着既定的规律循环往复,生生不息。

古诗文 日月忽其不淹兮,春与秋其代序。

——[先秦]屈原《离骚》

白话 感谢阳光,给了我们生机勃勃的世界。

古诗文 阳春布德泽,万物生光辉。

——[汉]汉乐府《长歌行》

白话 道生万物,周而复始,生命的变化与发展才是最美的风景。

古诗文 池塘生春草,园柳变鸣禽。

——[南北朝]谢灵运《登池上楼》

白话 多愁善感的人,总爱伤春悲月。

古诗文 上楼多看月,临水共伤春。

——[唐]司空曙《逢江客问南中故人因以诗寄》

白话 成功时的骄傲和自得。

古诗文 春风得意马蹄疾,一日看尽长安花。

——[唐]孟郊《登科后》

白话 思念故乡。

古诗文 春风一夜吹乡梦,又逐春风到洛城。

——[唐]武元衡《春兴》

春

> 白话　脑怒春天离去后无处可寻，不曾想它到了这里。
>
> 古诗文　长恨春归无觅处，不知转入此中来。
>
> ——[唐]白居易《大林寺桃花》

> 白话　社日将近，迎神的箫鼓声随处可闻，民风依旧简朴。
>
> 古诗文　箫鼓追随春社近，衣冠简朴古风存。
>
> ——[宋]陆游《游山西村》

> 白话　生命的顽强与美好，是不会被束缚住的。
>
> 古诗文　春色满园关不住，一枝红杏出墙来。
>
> ——[宋]叶绍翁《游园不值》

> 白话　春天无处不在。
>
> 古诗文　等闲识得东风面，万紫千红总是春。
>
> ——[宋]朱熹《春日》

> 白话　真正的归隐是回归自然与初心。
>
> 古诗文　携取琴书归旧隐，野花啼鸟一般春。
>
> ——[宋]陈抟《归隐》

> 白话　女子放弃红尘，执着坚守。
>
> 古诗文　雨打梨花深闭门，孤负青春，虚负青春。
>
> ——[明]唐寅《一剪梅·雨打梨花深闭门》

夏

白话 隐喻诗人孤高坚韧的品格与困顿的境遇。

古诗文 味苦夏虫避，丛卑春鸟疑。

——[唐]杜甫《苦竹》

白话 夏日小村，江水环抱，生活很悠闲。

古诗文 清江一曲抱村流，长夏江村事事幽。

——[唐]杜甫《江村》

白话 世界没有一刻是处于绝对静止状态的。

古诗文 天道昼夜回转不曾住，春秋冬夏忙。

——[唐]元稹《人道短》

白话 夏转秋，天阔云高，树叶摇曳之声预示秋的到来。

古诗文 云天收夏色，木叶动秋声。

——[唐]刘言史《立秋》

白话 夏夜深沉，蚊声嗡嗡让人厌烦。

古诗文 沉沉夏夜兰堂开，飞蚊伺暗声如雷。

——[唐]刘禹锡《聚蚊谣》

白话 春花谢了不必遗憾，夏日的绿树浓荫更可爱。

古诗文 芳菲歇去何须恨，夏木阴阴正可人。

——[宋]秦观《三月晦日偶题》

| 白话 | 悠然山水间，静享夏日闲。
| 古诗文 | 只消山水光中，无事过这一夏。

——[宋]辛弃疾《丑奴儿近·博山道中效李易安体》

| 白话 | 阴雨过去，天一放晴才惊觉早已入夏。
| 古诗文 | 连雨不知春去，一晴方觉夏深。

——[宋]范成大《喜晴》

| 白话 | 卓越的才华可以穿越时空，永恒闪耀。
| 古诗文 | 醉中咳唾落珠玑，身后声名满夷夏。

——[宋]饶节《李太白画歌》

| 白话 | 大自然的鬼斧神工远胜人工绘画。
| 古诗文 | 春夏间，遍郊原桃杏繁，用尽丹青图画难。

——[元]佚名《红锦袍·那老子彭泽》

| 白话 | 时光易逝。
| 古诗文 | 春夏秋冬捻指间，钟送黄昏鸡报晓。

——[明]唐寅《一世歌》

| 白话 | 闭门赋诗炼句，载酒赏花，人间清欢。
| 古诗文 | 闭门觅句消长夏，载酒评花负好春。

——[清]许咏仁《柬王馨吾》

秋

白话 独自寻觅,只见寒林秋草,不见心中所念。

古诗文 秋草独寻人去后,寒林空见日斜时。

——[唐]刘长卿《长沙过贾谊宅》

白话 山河破碎,伤心的原因不只是悲秋。

古诗文 今日山城对垂泪,伤心不独为悲秋。

——[唐]李益《上汝州郡楼》

白话 在静谧的秋夜中沉思聚散离合、人生无常。

古诗文 秋风清,秋月明,落叶聚还散,寒鸦栖复惊。

——[唐]李白《三五七言》

白话 渴望被伯乐赏识。

古诗文 何当金络脑,快走踏清秋。

——[唐]李贺《马诗二十三首》

白话 在秋日的静美中寻到一种别样的情趣。

古诗文 秋阴不散霜飞晚,留得枯荷听雨声。

——[唐]李商隐《宿骆氏亭寄怀崔雍崔衮》

白话 宁静的山中秋景。

古诗文 空山新雨后,天气晚来秋。

——[唐]王维《山居秋暝》

秋

白话 秋天到，天气凉，人间满是萧瑟气。
古诗文 秋风萧瑟天气凉，草木摇落露为霜。

——[曹魏]曹丕《燕歌行三首·其一》

白话 秋日时节，自然界万物变迁。
古诗文 秋风起兮白云飞，草木黄落兮雁南归。

——[汉]刘彻《秋风辞》

白话 秋天的美好不亚于春天。
古诗文 自古逢秋悲寂寥，我言秋日胜春朝。

——[唐]刘禹锡《秋词二首·其一》

白话 秋景触动伤心处。
古诗文 海畔尖山似剑铓，秋来处处割愁肠。

——[唐]柳宗元《与浩初上人同看山寄京华亲故》

白话 大雁向衡阳飞去，对塞下秋景未留一丝眷恋。
古诗文 塞下秋来风景异，衡阳雁去无留意。

——[宋]范仲淹《渔家傲·秋思》

白话 一种伤感挥之不去又无法形容。
古诗文 一往情深深几许？深山夕照深秋雨。

——[清]纳兰性德《蝶恋花·出塞》

冬

白话 四季轮回催人老。
古诗文 冬裘夏葛相催促,垂老光阴速似飞。

——[唐]白居易《闲居春尽》

白话 岁月漫长,久别思乡。
古诗文 岭外音书断,经冬复历春。

——[唐]宋之问《渡汉江》

白话 远望似雪非雪,原来是近水先开的梅花。
古诗文 不知近水花先发,疑是经冬雪未销。

——[唐]张谓《早梅》

白话 冬天虽冷,但有其独特的美。
古诗文 清冬见远山,积雪凝苍翠。

——[唐]王维《赠从弟司库员外絿》

白话 冬至到来,人类和自然界都随着时光的流逝而不断变化。
古诗文 天时人事日相催,冬至阳生春又来。

——[唐]杜甫《小至》

白话 与友人久别重逢,外面寒冬雨雪冷风吹。
古诗文 十年不见此邂逅,穷冬雨雪寒飕飗。

——[宋]李流谦《送樊眉州》

冬

> **白话** 物资匮乏，在挣扎中求生存。
> **古诗文** 明日死生犹未必，新何缠裹过秋冬。

——[宋]苏泂《金陵杂兴二百首·其一》

> **白话** 经过多年勤奋学习，谁还能嘲笑我胸无点墨呢？
> **古诗文** 三冬今足用，谁笑腹空虚。

——[宋]汪洙《神童诗》

> **白话** 四季奔波，工作不停歇。
> **古诗文** 行役无冬春，车马无南北。

——[宋]梅尧臣《送宋中道太博倅广平》

> **白话** 严冬岁岁有，人间事不断。
> **古诗文** 仲冬严寒年年事，须知事上大有事。

——[宋]释了惠《偈颂七十一首·其一》

> **白话** 丰年的喜悦和满足。
> **古诗文** 冬暖梅花早，年丰酒价廉。

——[宋]徐玑《送刘明远客和州》

> **白话** 对孤独和陪伴的深刻感受和理解。
> **古诗文** 冬寒前后，雪晴时候，谁人相伴梅花瘦？

——[元]乔吉《山坡羊·冬日写怀》

花

白话 人事沧桑变迁，自然恒常不息。

古诗文 庭树不知人去尽，春来还发旧时花。

——[唐]岑参《山房春事二首》

白话 相见难，离别更难，美好的时光易逝。

古诗文 相见时难别亦难，东风无力百花残。

——[唐]李商隐《无题·相见时难别亦难》

白话 在春归之时，与盛景不期而遇，很是欣喜。

古诗文 人间四月芳菲尽，山寺桃花始盛开。

——[唐]白居易《大林寺桃花》

白话 美好的风景值得驻足观赏。

古诗文 停车坐爱枫林晚，霜叶红于二月花。

——[唐]杜牧《山行》

白话 心向桃花源，逍遥为神仙。

古诗文 桃花坞里桃花庵，桃花庵里桃花仙。

——[明]唐寅《桃花庵歌》

白话 岁月的变迁和人事的无常。

古诗文 人面不知何处去，桃花依旧笑春风。

——[唐]崔护《题都城南庄》

花

> **白话** 真正的友谊无法量化。
>
> **古诗文** 桃花潭水深千尺，不及汪伦送我情。

——[唐]李白《赠汪伦》

> **白话** 人生总有意想不到的美好瞬间。
>
> **古诗文** 忽如一夜春风来，千树万树梨花开。

——[唐]岑参《白雪歌送武判官归京》

> **白话** 时间无情，人事无常，所以要珍惜。
>
> **古诗文** 年年岁岁花相似，岁岁年年人不同。

——[唐]刘希夷《代悲白头翁》

> **白话** 经过曲折的探寻，抵达宁静修心之所。
>
> **古诗文** 曲径通幽处，禅房花木深。

——[唐]常建《题破山寺后禅院》

> **白话** 自信满满，期待在未来一枝独秀。
>
> **古诗文** 待到秋来九月八，我花开后百花杀。

——[唐]黄巢《不第后赋菊》

> **白话** 春梦无根无据，愁绪无边。
>
> **古诗文** 自在飞花轻似梦，无边丝雨细如愁。

——[宋]秦观《浣溪沙·漠漠轻寒上小楼》

草

白话 江南的秋日温婉秀丽。
古诗文 青山隐隐水迢迢,秋尽江南草未凋。

——[唐]杜牧《寄扬州韩绰判官》

白话 天街细雨,早春草色若隐若现。
古诗文 天街小雨润如酥,草色遥看近却无。

——[唐]韩愈《早春呈水部张十八员外》

白话 青春易逝。
古诗文 绿杨芳草长亭路,年少抛人容易去。

——[宋]晏殊《玉楼春·春恨》

白话 微弱灯光下,亲人在一起边吃边聊,互吐心声。
古诗文 草草杯盘供笑语,昏昏灯火话平生。

——[宋]王安石《示长安君》

白话 母爱难以报答。
古诗文 谁言寸草心,报得三春晖。

——[唐]孟郊《游子吟》

白话 枕戈待旦,时刻保持警觉。
古诗文 林暗草惊风,将军夜引弓。

——[唐]卢纶《和张仆射塞下曲六首·其二》

草

白话 享受归隐后的田园生活。
古诗文 种豆南山下,草盛豆苗稀。

——[晋]陶渊明《归园田居·其三》

白话 孤舟泊岸,心随微风漂泊。
古诗文 细草微风岸,危樯独夜舟。

——[唐]杜甫《旅夜书怀》

白话 晚春依旧充满活力。
古诗文 草树知春不久归,百般红紫斗芳菲。

——[唐]韩愈《晚春》

白话 儿童无忧无虑,在玩斗草的游戏,弄得满地狼藉。
古诗文 青枝满地花狼藉,知是儿孙斗草来。

——[宋]范成大《春日田园杂兴》

白话 落日余晖里,倚着栏杆记挂远方,独自忧愁。
古诗文 草色烟光残照里,无言谁会凭阑意。

——[宋]柳永《蝶恋花·伫倚危楼风细细》

白话 不刻意追求外界的认可。
古诗文 草木有本心,何求美人折?

——[唐]张九龄《感遇十二首·其一》

树

白话 灯火辉煌、烟花绽放的盛景。
古诗文 东风夜放花千树，更吹落、星如雨。

——[宋]辛弃疾《青玉案·元夕》

白话 阳光明媚了小洲，也愉悦了心情。
古诗文 晴川历历汉阳树，芳草萋萋鹦鹉洲。

——[唐]崔颢《黄鹤楼》

白话 做人须有百折不挠的精神。
古诗文 沉舟侧畔千帆过，病树前头万木春。

——[唐]刘禹锡《酬乐天扬州初逢席上见赠》

白话 英雄不论出身，即使是寻常小巷，也可能卧虎藏龙。
古诗文 斜阳草树，寻常巷陌，人道寄奴曾住。

——[宋]辛弃疾《永遇乐·京口北固亭怀古》

白话 都市繁华热闹，却难掩离别的哀伤。
古诗文 长安陌上无穷树，唯有垂杨绾别离。

——[唐]刘禹锡《杨柳枝词九首·其八》

白话 犹豫迷茫的心境。
古诗文 绕树三匝，何枝可依？

——[汉]曹操《短歌行》

树

白话 满山的树，都披上了秋日余晖。
古诗文 树树皆秋色，山山唯落晖。

——[唐]王绩《野望》

白话 静谧寻幽，时光悠然。
古诗文 树深时见鹿，溪午不闻钟。

——[唐]李白《访戴天山道士不遇》

白话 历史的真相被掩埋在荒草之中。
古诗文 只见草萧疏，水萦纡。至今遗恨迷烟树。

——[元]张养浩《山坡羊·骊山怀古》

白话 中秋的庭院，略显清冷。
古诗文 中庭地白树栖鸦，冷露无声湿桂花。

——[唐]王建《十五夜望月》

白话 多年后，树长高了，人也老了，实在无奈。
古诗文 可惜流年，忧愁风雨，树犹如此！

——[宋]辛弃疾《水龙吟·登建康赏心亭》

白话 形容宁静而安逸的田园生活。
古诗文 狗吠深巷中，鸡鸣桑树颠。

——[晋]陶渊明《归园田居·其一》

土

白话 万事万物终会有死亡或终结。

古诗文 腾蛇乘雾,终为土灰。

——[汉]曹操《龟虽寿》

白话 历史沧桑变幻,朝代几度兴亡。

古诗文 伤心秦汉经行处,宫阙万间都做了土。

——[元]张养浩《山坡羊·潼关怀古》

白话 英雄终归尘土,音信渐少,孤独又寂寞。

古诗文 卧龙跃马终黄土,人事音书漫寂寥。

——[唐]杜甫《阁夜》

白话 面对失败,不要气馁,重新来过。

古诗文 江东子弟多才俊,卷土重来未可知。

——[唐]杜牧《题乌江亭》

白话 春色消逝,无法挽回。

古诗文 春色三分,二分尘土,一分流水。

——[宋]苏轼《水龙吟·次韵章质夫杨花词》

白话 辛勤劳作却无所得。

古诗文 陶尽门前土,屋上无片瓦。

——[宋]梅尧臣《陶者》

| 白话 | 人不过是在世间漂泊的浮萍。
| 古诗文 | 淼茫积水非吾土,飘泊浮萍是我身。

——[唐]白居易《九江春望》

| 白话 | 身心安处,就是家园。
| 古诗文 | 身心安处为吾土,岂限长安与洛阳。

——[唐]白居易《吾土》

| 白话 | 在四海之中没有一寸安身之地,一生致力于诗歌创作。
| 古诗文 | 四海无寸土,一生惟苦吟。

——[唐]杜荀鹤《湘中秋日呈所知》

| 白话 | 心中的怨恨难以排解。
| 古诗文 | 黄河捧土尚可塞,北风雨雪恨难裁。

——[唐]李白《北风行》

| 白话 | 身在异乡,无法回到故土的滋味很痛苦。
| 古诗文 | 老将何面还吾土,梦有惊魂在楚乡。

——[唐]刘威《旅怀》

| 白话 | 地广人稀、自然恬淡的乡村景色。
| 古诗文 | 土旷深耕少,江平远钓多。

——[唐]钱珝《江行无题一百首·其四十六》

金

白话 相逢短暂,爱情可贵。

古诗文 金风玉露一相逢,便胜却人间无数。

——[宋]秦观《鹊桥仙·纤云弄巧》

白话 用金樽盛满清酒,玉盘中摆放着价值万钱的珍馐。

古诗文 金樽清酒斗十千,玉盘珍羞直万钱。

——[唐]李白《行路难·其一》

白话 以犀利文笔揭露中唐社会人际关系被金钱异化的现象。

古诗文 世人结交须黄金,黄金不多交不深。

——[唐]张谓《题长安壁主人》

白话 玄宗墓、白帝城繁华不再,都已被荒草掩盖。

古诗文 金粟堆前木已拱,瞿塘石城草萧瑟。

——[唐]杜甫《观公孙大娘弟子舞剑器行并序》

白话 金陵的年轻朋友们纷纷赶来相送,舍不得分开,都喝醉了。

古诗文 金陵子弟来相送,欲行不行各尽觞。

——[唐]李白《金陵酒肆留别》

白话 这份深情无处倾诉。

古诗文 千金纵买相如赋,脉脉此情谁诉?

——[宋]辛弃疾《摸鱼儿·更能消几番风雨》

金

| 白话 | 天赋才华，必有用武之地，金钱外物失去亦可再得。
| 古诗文 | 天生我材必有用，千金散尽还复来。

——[唐]李白《将进酒·君不见》

| 白话 | 酒钱不够？华服和马都可以换成酒。
| 古诗文 | 五花马，千金裘，呼儿将出换美酒。

——[唐]李白《将进酒·君不见》

| 白话 | 把握当下，畅饮吧，忘却烦恼。
| 古诗文 | 且把金尊倾美酿。休思往事成惆怅。

——[宋]欧阳修《蝶恋花·永日环堤乘彩舫》

| 白话 | 将军愿执剑为国血战，以死相报君王的知遇之恩。
| 古诗文 | 报君黄金台上意，提携玉龙为君死。

——[唐]李贺《雁门太守行》

| 白话 | 宁愿丢掉富贵，也不丢掉自由。
| 古诗文 | 始知锁向金笼听，不及林间自在啼。

——[宋]欧阳修《画眉鸟》

| 白话 | 春夜很美，光阴最为珍贵。
| 古诗文 | 春宵一刻值千金，花有清香月有阴。

——[宋]苏轼《春夜》

星

白话 坚贞不渝的情感。

古诗文 侬作北辰星,千年无转移。

——[南北朝]佚名《子夜歌·侬作北辰星》

白话 云朵变幻多端,流星传递相思,让我渡过遥远无垠的银河。

古诗文 纤云弄巧,飞星传恨,银河迢迢暗度。

——[宋]秦观《鹊桥仙·纤云弄巧》

白话 孤寂中对自由爱情的向往。

古诗文 天阶夜色凉如水,卧看牵牛织女星。

——[唐]杜牧《秋夕》

白话 醉卧舟中,分不清星辰与水中倒影,似浮于璀璨星河之上。

古诗文 醉后不知天在水,满船清梦压星河。

——[元]唐珙《题龙阳县青草湖》

白话 爱酒之人对酒的热爱与赞美。

古诗文 天若不爱酒,酒星不在天。

——[唐]李白《月下独酌四首·其二》

白话 早生华发,感叹时光易逝,青春不再。

古诗文 年过潘岳才三岁,还见星星两鬓中。

——[唐]吕温《镜中叹白发》

星

白话 愿你我像星与月,每晚光彩辉映。
古诗文 愿我如星君如月,夜夜流光相皎洁。

——[宋]范成大《车遥遥篇》

白话 星辰依旧,人却不同。
古诗文 似此星辰非昨夜,为谁风露立中宵。

——[清]黄景仁《绮怀十六首·其十五》

白话 物是人非,怀念过去。
古诗文 月户星窗,多少旧期约。

——[宋]晏几道《醉落魄·天教命薄》

白话 明月银河当空,长夜漫漫,难以入眠。
古诗文 明月皎皎照我床,星汉西流夜未央。

——[三国]曹丕《燕歌行二首·其一》

白话 离别之后,担心不能重逢。
古诗文 星屏别后千里,更见是何年。

——[宋]晏几道《诉衷情·都人离恨满歌筵》

白话 对爱情的向往和追求。
古诗文 迢迢牵牛星,皎皎河汉女。

——[汉]佚名《迢迢牵牛星》

空

白话 曾经歌舞喧嚣处,如今只听见流水声。

古诗文 凤凰台上凤凰游,凤去台空江自流。

——[唐]李白《登金陵凤凰台》

白话 窗前叹息,月下相思。

古诗文 孤灯不明思欲绝,卷帷望月空长叹。

——[唐]李白《长相思三首·其一》

白话 国难当头,岂会袖手旁观。

古诗文 楚虽三户能亡秦,岂有堂堂中国空无人!

——[宋]陆游《金错刀行》

白话 春又来,人还在相思憔悴。

古诗文 春如旧,人空瘦。

——[宋]陆游《钗头凤·红酥手》

白话 静谧的意境。

古诗文 人闲桂花落,夜静春山空。

——[唐]王维《鸟鸣涧》

白话 把握机会,及时行动,不留遗憾。

古诗文 花开堪折直须折,莫待无花空折枝。

——[唐]佚名《金缕衣》

空

白话 珍惜时光,世上没有后悔药,别到老了空叹息。

古诗文 莫等闲,白了少年头,空悲切!

——[宋]岳飞《满江红·写怀》

白话 人生偶然,世事皆为空幻。

古诗文 休言万事转头空,未转头时皆梦。

——[宋]苏轼《西江月·平山堂》

白话 正在伤心,偏又看见花落的凄凉景象。

古诗文 山月不知心里事,水风空落眼前花。

——[唐]温庭筠《梦江南·千万恨》

白话 来几杯酒,忘却一切烦恼和忧愁。

古诗文 身世酒杯中,万事皆空。

——[宋]辛弃疾《浪淘沙·山寺夜半闻钟》

白话 这辈子最大的遗憾就是没有看到国家统一。

古诗文 死去元知万事空,但悲不见九州同。

——[宋]陆游《示儿》

白话 乐在独行,自得其乐。

古诗文 兴来每独往,胜事空自知。

——[唐]王维《终南别业》

日

白话 黄昏与新夜交替时格外美丽。

古诗文 霞拖数缕日初沉,月挂一眉天未暝。

——[宋]杨公远《梅花五首·其一》

白话 欢乐时光,与青春作伴,归家路更美好。

古诗文 白日放歌须纵酒,青春作伴好还乡。

——[唐]杜甫《闻官军收河南河北》

白话 荷香四溢,此处风景与别处不同。

古诗文 接天莲叶无穷碧,映日荷花别样红。

——[宋]杨万里《晓出净慈寺送林子方》

白话 晨光中,葵菜带着露珠,生机勃勃。

古诗文 青青园中葵,朝露待日晞。

——[汉]汉乐府《长歌行》

白话 君王贪欢,朝政荒废,警示世人。

古诗文 春宵苦短日高起,从此君王不早朝。

——[唐]白居易《长恨歌》

白话 拖延成性,终将一事无成。

古诗文 日日待明日,万事成蹉跎。

——[明]钱福《明日歌》

日

> 白话　勤劳人民，顺应自然，生活有序。
> 古诗文　日出而作，日入而息。

——[先秦]佚名《击壤歌》

> 白话　每天品尝三百颗鲜美的荔枝，甘愿做个岭南人。
> 古诗文　日啖荔枝三百颗，不辞长作岭南人。

——[宋]苏轼《食荔枝二首·其二》

> 白话　望着帆船远去，离别让人悲伤。
> 古诗文　日暮征帆何处泊，天涯一望断人肠。

——[唐]孟浩然《送杜十四之江南》

> 白话　宇宙浩瀚，万物有序。
> 古诗文　日月之行，若出其中；星汉灿烂，若出其里。

——[汉]曹操《观沧海》

> 白话　志存高远，如鹏展翅，一飞冲天。
> 古诗文　大鹏一日同风起，扶摇直上九万里。

——[唐]李白《上李邕》

> 白话　朋友诗歌助兴，暂借一杯美酒，让我精神焕发。
> 古诗文　今日听君歌一曲，暂凭杯酒长精神。

——[唐]刘禹锡《酬乐天扬州初逢席上见赠》

月

白话 春花秋月，往事如烟，心中无限哀愁。
古诗文 春花秋月何时了？往事知多少。

——[五代]李煜《虞美人·春花秋月何时了》

白话 归乡是心中挥之不去的期盼。
古诗文 春风又绿江南岸，明月何时照我还。

——[宋]王安石《泊船瓜洲》

白话 陶醉于美景，浑然忘记时间，只能踏月而归。
古诗文 醉中浑不记，归路月黄昏。

——[宋]辛弃疾《临江仙·探梅》

白话 乘兴而归的快乐。
古诗文 青溪归路直，乘月夜歌还。

——[唐]王绩《夜还东溪》

白话 旷达的人生态度。
古诗文 人生得意须尽欢，莫使金樽空对月。

——[唐]李白《将进酒》

白话 接近自然之美，自己也变得美好。
古诗文 掬水月在手，弄花香满衣。

——[唐]于良史《春山夜月》

月

> **白话** 月光清冷无情,映出内心的孤寂。
>
> **古诗文** 明月不谙离恨苦,斜光到晓穿朱户。
>
> ——[宋]晏殊《蝶恋花·槛菊愁烟兰泣露》

> **白话** 思念与牵挂远方之人。
>
> **古诗文** 海上生明月,天涯共此时。
>
> ——[唐]张九龄《望月怀远》

> **白话** 思乡之情。
>
> **古诗文** 露从今夜白,月是故乡明。
>
> ——[唐]杜甫《月夜忆舍弟》

> **白话** 思念朋友,牵挂朋友。
>
> **古诗文** 我寄愁心与明月,随君直到夜郎西。
>
> ——[唐]李白《闻王昌龄左迁龙标遥有此寄》

> **白话** 人生生不息,宇宙恒常不变。
>
> **古诗文** 人生代代无穷已,江月年年望相似。
>
> ——[唐]张若虚《春江花月夜》

> **白话** 怀念曾经深爱的人。
>
> **古诗文** 当时明月在,曾照彩云归。
>
> ——[宋]晏几道《临江仙·梦后楼台高锁》

风

> **白话** 成功需要机遇,彰显历史的偶然性与个人的渺小。
> **古诗文** 东风不与周郎便,铜雀春深锁二乔。

——[唐]杜牧《赤壁》

> **白话** 与友人分别,意味着各奔天涯。
> **古诗文** 数声风笛离亭晚,君向潇湘我向秦。

——[唐]郑谷《淮上与友人别》

> **白话** 人生路艰险,人心复杂,世事难料。
> **古诗文** 江头未是风波恶,别有人间行路难!

——[宋]辛弃疾《鹧鸪天·送人》

> **白话** 轻盈灵动,超凡脱俗。
> **古诗文** 髣髴兮若轻云之蔽月,飘飖兮若流风之回雪。

——[三国]曹植《洛神赋》

> **白话** 做人就要无惧风浪,勇往直前。
> **古诗文** 长风破浪会有时,直挂云帆济沧海。

——[唐]李白《行路难·其一》

> **白话** 风雨无情人易老,美好的事物总是短暂的。
> **古诗文** 林花谢了春红,太匆匆。无奈朝来寒雨晚来风。

——[五代]李煜《相见欢·林花谢了春红》

风

白话 不屈不挠、坚守气节的高尚情怀。

古诗文 宁可枝头抱香死,何曾吹落北风中。

——[宋]郑思肖《画菊》

白话 坚忍的心总能在困境中找到希望。

古诗文 料峭春风吹酒醒,微冷,山头斜照却相迎。

——[宋]苏轼《定风波·莫听穿林打叶声》

白话 以酒来慰藉旅途中的艰辛。

古诗文 我有一瓢酒,可以慰风尘。

——[唐]韦应物《简卢陟》

白话 悲秋伤别,无计消愁,人显得憔悴瘦弱。

古诗文 莫道不销魂,帘卷西风,人比黄花瘦。

——[宋]李清照《醉花阴·薄雾浓云愁永昼》

白话 深深的眷恋与思念之情。

古诗文 夜月一帘幽梦,春风十里柔情。

——[宋]秦观《八六子·倚危亭》

白话 批判苟且偷安、忘却国耻之辈。

古诗文 暖风熏得游人醉,直把杭州作汴州。

——[宋]林升《题临安邸》

霜

白话 霜神和嫦娥竞相展现她们的美丽。
古诗文 青女素娥俱耐冷,月中霜里斗婵娟。

——[唐]李商隐《霜月》

白话 塞外深夜霜重,战鼓声低沉,将士勇往直前。
古诗文 半卷红旗临易水,霜重鼓寒声不起。

——[唐]李贺《雁门太守行》

白话 深秋的清晨,寒冷静谧。
古诗文 蒹葭苍苍,白露为霜。

——[先秦]佚名《诗经·秦风·蒹葭》

白话 对时光流逝、壮志未酬的感慨。
古诗文 艰难苦恨繁霜鬓,潦倒新停浊酒杯。

——[唐]杜甫《登高》

白话 爱人不在身边,一个物件就能引起悲伤。
古诗文 鸳鸯瓦冷霜华重,翡翠衾寒谁与共?

——[唐]白居易《长恨歌》

白话 早行的清冷。
古诗文 鸡声茅店月,人迹板桥霜。

——[唐]温庭筠《商山早行》

> **白话** 英雄人物的超凡武艺和豪迈气概。
>
> **古诗文** 满堂花醉三千客,一剑霜寒十四州。
>
> ——[唐]贯休《献钱尚父》

> **白话** 逆境中依然保持坚贞不屈的精神。
>
> **古诗文** 荷尽已无擎雨盖,菊残犹有傲霜枝。
>
> ——[宋]苏轼《赠刘景文》

> **白话** 濒临绝境,依然不放弃。
>
> **古诗文** 末路惊风雨,穷边饱雪霜。
>
> ——[宋]文天祥《除夜》

> **白话** 岁月匆匆,青丝染白霜。
>
> **古诗文** 麻姑垂两鬓,一半已成霜。
>
> ——[唐]李白《短歌行》

> **白话** 深秋凄冷,边塞荒凉。
>
> **古诗文** 渐霜风凄紧,关河冷落,残照当楼。
>
> ——[宋]柳永《八声甘州·对潇潇暮雨洒江天》

> **白话** 离开故乡又多了一年。
>
> **古诗文** 故乡今夜思千里,霜鬓明朝又一年。
>
> ——[唐]高适《除夜作》

雨

白话 一旦错过就无法挽回。

古诗文 雨落不上天,水覆难再收。

——[唐]李白《妾薄命》

白话 好雨似乎会挑选时节,下得正是时候。

古诗文 好雨知时节,当春乃发生。

——[唐]杜甫《春夜喜雨》

白话 吴地夜雨,清晨送别友人,备感孤独。

古诗文 寒雨连江夜入吴,平明送客楚山孤。

——[唐]王昌龄《芙蓉楼送辛渐》

白话 天气阴晴不定,就像人心难以捉摸。

古诗文 东边日出西边雨,道是无晴却有晴。

——[唐]刘禹锡《竹枝词二首·其一》

白话 面对江南众多的古寺楼台,感慨时间的流逝和历史变迁。

古诗文 南朝四百八十寺,多少楼台烟雨中。

——[唐]杜牧《江南春》

白话 思念就像细雨,慢慢涨满心池。

古诗文 君问归期未有期,巴山夜雨涨秋池。

——[唐]李商隐《夜雨寄北》

雨

| 白话 | 午夜梦回,征战沙场,报效国家!
| 古诗文 | 夜阑卧听风吹雨,铁马冰河入梦来。

——[宋]陆游《十一月四日风雨大作》

| 白话 | 清冷、孤寂的氛围。
| 古诗文 | 孤灯寒照雨,湿竹暗浮烟。

——[唐]司空曙《云阳馆与韩绅宿别》

| 白话 | 回看过往,要学会云淡风轻。
| 古诗文 | 回首向来萧瑟处,归去,也无风雨也无晴。

——[宋]苏轼《定风波·莫听穿林打叶声》

| 白话 | 文学才华之高、作品之精彩。
| 古诗文 | 笔落惊风雨,诗成泣鬼神。

——[唐]杜甫《寄李十二白二十韵》

| 白话 | 淡淡的忧愁与怅惘。
| 古诗文 | 一川烟草,满城风絮,梅子黄时雨。

——[宋]贺铸《青玉案·凌波不过横塘路》

| 白话 | 泪如雨下,心如刀割。
| 古诗文 | 涕泪落如雨,肝肠痛似刀。

——[唐]佚名《非所夜闻笛》

雪

白话 友人远行的背影，融入日暮雪景中。
古诗文 路出寒云外，人归暮雪时。

——[唐]卢纶《送李端》

白话 深情不渝，甘愿为爱付出一切。
古诗文 若似月轮终皎洁，不辞冰雪为卿热。

——[清]纳兰性德《蝶恋花·辛苦最怜天上月》

白话 相隔又远，路又难行，只能借笛声寄情。
古诗文 天山雪后海风寒，横笛偏吹行路难。

——[唐]李益《从军北征》

白话 白雪似乎嫌弃春天来得太晚，于是化作飞花装点庭院。
古诗文 白雪却嫌春色晚，故穿庭树作飞花。

——[唐]韩愈《春雪》

白话 天气不好，劝君暂缓出门。
古诗文 天山三丈雪，岂是远行时。

——[唐]李白《独不见》

白话 看似孤独，实则超脱世俗。
古诗文 孤舟蓑笠翁，独钓寒江雪。

——[唐]柳宗元《江雪》

雪

白话 要下雪了,能否来共饮一杯酒。

古诗文 晚来天欲雪,能饮一杯无?

——[唐]白居易《问刘十九》

白话 对岁月变迁的感慨。

古诗文 昔去雪如花,今来花似雪。

——[南北朝]何逊《范广州宅联句》

白话 君子的高贵品质是藏不住的。

古诗文 遥知不是雪,为有暗香来。

——[宋]王安石《梅花》

白话 不慕繁华,只学雪之高洁品质。

古诗文 更无花态度,全有雪精神。

——[宋]辛弃疾《临江仙·探梅》

白话 冬日里惬意饮酒赏雪。

古诗文 风落吴江雪,纷纷入酒杯。

——[唐]李白《对酒醉题屈突明府厅》

白话 梅花如雪落满身,愁绪难拂去。

古诗文 砌下落梅如雪乱,拂了一身还满。

——[五代]李煜《清平乐·别来春半》

虫

白话 不要听冬虫的声音,太过忧愁。

古诗文 虫声冬思苦于秋,不解愁人闻亦愁。

——[唐]白居易《冬夜闻虫》

白话 秋夜漫长,虫鸣不断,阴雨绵绵,更添愁绪。

古诗文 暗虫唧唧夜绵绵,况是秋阴欲雨天。

——[唐]白居易《闻虫》

白话 生活中的琐碎事太多,不如享受当下片刻的宁静。

古诗文 鸡虫得失无了时,注目寒江倚山阁。

——[唐]杜甫《缚鸡行》

白话 女子头饰华丽,姿态优雅。

古诗文 陂陀梳碧凤,腰褭带金虫。

——[唐]李贺《恼公》

白话 心静自然凉。

古诗文 竹深树密虫鸣处,时有微凉不是风。

——[宋]杨万里《夏夜追凉》

白话 不要被外物所困扰,生活自有其节奏。

古诗文 莫因诗卷愁成谶,春鸟秋虫自作声。

——[清]黄景仁《杂感》

虫

| 白话 | 在寒冷的霜降时节,虫鸣声声,四周一片寂静。 |
| 古诗文 | 霜草苍苍虫切切,村南村北行人绝。 |

——[唐]白居易《村夜》

| 白话 | 月光悄悄洒进窗扉,带来一丝宁静与温馨。 |
| 古诗文 | 夜深静卧百虫绝,清月出岭光入扉。 |

——[唐]韩愈《山石》

| 白话 | 深夜苦读,只为心中梦想;窗外晓月如玉,静静相伴。 |
| 古诗文 | 寻章摘句老雕虫,晓月当帘挂玉弓。 |

——[唐]李贺《南园十三首·其六》

| 白话 | 沉浸在书海中,不让岁月和烦恼破坏内心的宁静。 |
| 古诗文 | 谁看青简一编书,不遣花虫粉空蠹。 |

——[唐]李贺《秋来》

| 白话 | 秋凉来袭,军衣未到,希望天气不要急着变冷。 |
| 古诗文 | 秋逼暗虫通夕响,征衣未寄莫飞霜。 |

——[唐]张仲素《秋夜曲》

| 白话 | 连虫兽都知道感恩,更何况读书人呢? |
| 古诗文 | 虫兽犹知德,何况于士人。 |

——[三国]曹植《薤露行》

鸟

白话 独享宁静,自在如云。
古诗文 众鸟高飞尽,孤云独去闲。

——[唐]李白《独坐敬亭山》

白话 感时伤怀,连花、鸟都似带悲情。
古诗文 感时花溅泪,恨别鸟惊心。

——[唐]杜甫《春望》

白话 胸怀壮阔,心随鸟飞向远方。
古诗文 荡胸生层云,决眦入归鸟。

——[唐]杜甫《望岳》

白话 黄昏鸟儿归巢时的温馨场景。
古诗文 山气日夕佳,飞鸟相与还。

——[晋]陶渊明《饮酒·其五》

白话 蝉鸣鸟叫之声愈发衬托山中之静谧深邃。
古诗文 蝉噪林逾静,鸟鸣山更幽。

——[南北朝]王籍《入若耶溪》

白话 山中夜景衬托了内心的宁静。
古诗文 月出惊山鸟,时鸣春涧中。

——[唐]王维《鸟鸣涧》

鸟

白话 抛开杂念，放空内心。

古诗文 山光悦鸟性，潭影空人心。

——[唐]常建《题破山寺后禅院》

白话 时光易逝，悲花落，却羡慕鸟的自由。

古诗文 白发悲花落，青云羡鸟飞。

——[唐]岑参《寄左省杜拾遗》

白话 即使面临死亡也要向着故乡的方向。

古诗文 鸟飞反故乡兮，狐死必首丘。

——[先秦]屈原《九章·哀郢》

白话 爱家乡是人的本能。

古诗文 羁鸟恋旧林，池鱼思故渊。

——[晋]陶渊明《归园田居·其一》

白话 英年早逝，空余遗恨。

古诗文 鸟啼花落人何在，竹死桐枯凤不来。

——[唐]崔珏《哭李商隐》

白话 历史沧桑，当年繁华不再。

古诗文 江雨霏霏江草齐，六朝如梦鸟空啼。

——[唐]韦庄《台城》

马

白话 遇事要先解决关键问题。
古诗文 射人先射马,擒贼先擒王。

——[唐]杜甫《前出塞九首·其六》

白话 初春,一片生机勃勃的景象。
古诗文 乱花渐欲迷人眼,浅草才能没马蹄。

——[唐]白居易《钱塘湖春行》

白话 走马灯般在官场忙个不停,最终失去了自我。
古诗文 嗟余听鼓应官去,走马兰台类转蓬。

——[唐]李商隐《无题二首》

白话 白马飞奔,尽显骑手的飒爽英姿。
古诗文 银鞍照白马,飒沓如流星。

——[唐]李白《侠客行》

白话 冬日草原上狩猎者的敏捷。
古诗文 草枯鹰眼疾,雪尽马蹄轻。

——[唐]王维《观猎》

白话 呼唤像李广一样的名将来保家卫国。
古诗文 但使龙城飞将在,不教胡马度阴山。

——[唐]王昌龄《出塞》

马

白话 在风雨中从容前行，笑傲人生的快意与豪迈。

古诗文 竹杖芒鞋轻胜马，谁怕？一蓑烟雨任平生。

——[宋]苏轼《定风波·莫听穿林打叶声》

白话 舍不得朋友离开，久久伫立。

古诗文 山回路转不见君，雪上空留马行处。

——[唐]岑参《白雪歌送武判官归京》

白话 对于社会现状的忧虑和对变革的渴望。

古诗文 九州生气恃风雷，万马齐喑究可哀。

——[清]龚自珍《己亥杂诗》

白话 离别的愁绪。

古诗文 夕阳古道无人语，禾黍秋风听马嘶。

——[元]王实甫《西厢记·长亭送别》

白话 战况危急，挺身跨马奔赴前线。

古诗文 白马饰金羁，连翩西北驰。

——[三国]曹植《白马篇》

白话 千里马常有，伯乐不常有。

古诗文 世上岂无千里马，人中难得九方皋。

——[宋]黄庭坚《过平舆怀李子先时在并州》

柳

白话 春日的细雨和暖风，温柔且生机盎然。
古诗文 沾衣欲湿杏花雨，吹面不寒杨柳风。

——[宋]志南《绝句》

白话 离别曲最易起乡愁。
古诗文 此夜曲中闻折柳，何人不起故园情。

——[唐]李白《春夜洛城闻笛》

白话 到了约会的好时间。
古诗文 月上柳梢头，人约黄昏后。

——[宋]欧阳修（一说朱淑真）《生查子·元夕》

白话 女子对爱情的执着和坚贞。
古诗文 郎情柳叶短，妾意柳枝长。

——[明]屈大均《柳枝词》

白话 思念丈夫，后悔当初让他去追求功名。
古诗文 忽见陌头杨柳色，悔教夫婿觅封侯。

——[唐]王昌龄《闺怨》

白话 擦肩而过的美丽身影最难忘记。
古诗文 蛾儿雪柳黄金缕，笑语盈盈暗香去。

——[宋]辛弃疾《青玉案·元夕》

柳

> **白话** 对离人的不舍与无奈。
>
> **古诗文** 一溪烟柳万丝垂,无因系得兰舟住。
>
> ——[宋]周紫芝《踏莎行·情似游丝》

> **白话** 面对如此美好的春夜,却无处安放闲愁。
>
> **古诗文** 梨花院落溶溶月,柳絮池塘淡淡风。
>
> ——[宋]晏殊《无题》

> **白话** 依依不舍的离别之情。
>
> **古诗文** 昔我往矣,杨柳依依。
>
> ——[先秦]佚名《诗经·小雅·采薇》

> **白话** 愁绪萦绕,登高望远愁更浓。
>
> **古诗文** 花明柳暗绕天愁,上尽重城更上楼。
>
> ——[唐]李商隐《夕阳楼》

> **白话** 不要沉溺于过去,告别旧曲,新歌更醉人。
>
> **古诗文** 请君莫奏前朝曲,听唱新翻杨柳枝。
>
> ——[唐]刘禹锡《杨柳枝词九首·其一》

> **白话** 柳尽花残,盼君归。
>
> **古诗文** 柳条折尽花飞尽,借问行人归不归?
>
> ——[隋]佚名《送别诗》

山

白话 相信自己，定能攀上理想的高峰。

古诗文 会当凌绝顶，一览众山小。

——[唐]杜甫《望岳》

白话 山水充满了灵性。

古诗文 水是眼波横，山是眉峰聚。

——[宋]王观《卜算子·送鲍浩然之浙东》

白话 淡泊悠闲的生活状态。

古诗文 采菊东篱下，悠然见南山。

——[晋]陶渊明《饮酒·其五》

白话 历史的车轮滚滚向前，无法阻挡。

古诗文 青山遮不住，毕竟东流去。

——[宋]辛弃疾《菩萨蛮·书江西造口壁》

白话 傍晚时分，天色渐暗，微风夹带着细雨。

古诗文 远岫出山催薄暮，细风吹雨弄轻阴。

——[宋]李清照《浣溪沙·小院闲窗春色深》

白话 天性热爱自然，崇尚恬淡的生活。

古诗文 少无适俗韵，性本爱丘山。

——[晋]陶渊明《归园田居·其一》

山

| 白话 | 心情与青山相得益彰。
| 古诗文 | 我见青山多妩媚，料青山见我应如是。

——[宋]辛弃疾《贺新郎·甚矣吾衰矣》

| 白话 | 感受自然，享受孤独。
| 古诗文 | 山行分曙色，一路见人稀。

——[唐]戴叔伦《山行》

| 白话 | 山水如画，春意盎然。
| 古诗文 | 江碧鸟逾白，山青花欲燃。

——[唐]杜甫《绝句二首·其二》

| 白话 | 孤高的情怀与身处俗世的无奈。
| 古诗文 | 羡青山有思，白鹤忘机。

——[宋]汤恢《八声甘州·摘青梅荐酒》

| 白话 | 保持内心平静，就能随遇而安，快乐常在。
| 古诗文 | 清风明月本自无尽藏，青山绿水何处非吾乡。

——[金]赵秉文《游晋祠》

| 白话 | 感慨英雄末路，时运不济。
| 古诗文 | 力拔山兮气盖世，时不利兮骓不逝。

——[秦]项羽《垓下歌》

水

白话 河水一去不返，就如同时间流逝，感慨人生短暂。

古诗文 君不见黄河之水天上来，奔流到海不复回。

——[唐]李白《将进酒》

白话 历史中英雄人物的兴衰更替。

古诗文 滚滚长江东逝水，浪花淘尽英雄。

——[明]杨慎《临江仙·滚滚长江东逝水》

白话 不知为何再渡桑干水，回首反觉并州就是故乡。

古诗文 无端更渡桑干水，却望并州是故乡。

——[唐]贾岛（一说刘皂）《旅次朔方》

白话 美总在不起眼的地方突然出现。

古诗文 一径野花落，孤村春水生。

——[唐]杜甫《遣意二首·其一》

白话 叹惜美好生活的消逝。

古诗文 流水落花春去也，天上人间。

——[五代]李煜《浪淘沙令·帘外雨潺潺》

白话 在最好的日子，看见最好的景致。

古诗文 胜日寻芳泗水滨，无边光景一时新。

——[宋]朱熹《春日》

白话 最险是人心,最难是人情。

古诗文 行路难,不在水,不在山,只在人情反覆间。

——[唐]白居易《太行路·借夫妇以讽君臣之不终也》

白话 美丽的江南春景。

古诗文 日出江花红胜火,春来江水绿如蓝。

——[唐]白居易《忆江南·江南好》

白话 经历过刻骨铭心的爱情,再难被其他感情所动。

古诗文 曾经沧海难为水,除却巫山不是云。

——[唐]元稹《离思五首·其四》

白话 视死如归的精神。

古诗文 风萧萧兮易水寒,壮士一去兮不复还。

——[先秦]佚名《渡易水歌》

白话 本来水波不兴,突然变得不平静。

古诗文 风乍起,吹皱一池春水。

——[五代]冯延巳《谒金门·风乍起》

白话 超脱世俗的生活态度。

古诗文 不管人间是与非,白云流水自相依。

——[五代]徐夤《闲》

江

白话 江水东流，时间流逝，从未有一刻停止。

古诗文 无边落木萧萧下，不尽长江滚滚来。

——[唐]杜甫《登高》

白话 梦里也遇不到想念的人。

古诗文 梦入江南烟水路，行尽江南，不与离人遇。

——[宋]晏几道《蝶恋花·梦入江南烟水路》

白话 一片漆黑，只有渔船上的灯火显得改格外醒目。

古诗文 野径云俱黑，江船火独明。

——[唐]杜甫《春夜喜雨》

白话 短短的家信承载了游子深深的思念。

古诗文 江水三千里，家书十五行。

——[明]袁凯《京师得家书》

白话 江南也没有更好的礼物相送，姑且送一只梅花去报春。

古诗文 江南无所有，聊赠一枝春。

——[南北朝]陆凯《赠范晔诗》

白话 历尽磨难之后，心心念念的唯有回家。

古诗文 长江悲已滞，万里念将归。

——[唐]王勃《山中》

江

白话 大好江山,英雄辈出。

古诗文 江山如画,一时多少豪杰。

——[宋]苏轼《念奴娇·赤壁怀古》

白话 对春天的喜爱之情。

古诗文 迟日江山丽,春风花草香。

——[唐]杜甫《绝句二首》

白话 秋风吹来,游子分外感伤。

古诗文 萧萧梧叶送寒声,江上秋风动客情。

——[宋]叶绍翁《夜书所见》

白话 优雅的音乐,仿佛能入江、能穿云。

古诗文 锦城丝管日纷纷,半入江风半入云。

——[唐]杜甫《赠花卿》

白话 夕阳江景,光影流转。

古诗文 一道残阳铺水中,半江瑟瑟半江红。

——[唐]白居易《暮江吟》

白话 离别时,唯有江中月影跟随。

古诗文 醉不成欢惨将别,别时茫茫江浸月。

——[唐]白居易《琵琶行》

河

白话 河流见证了历史的沉浮与时光的流转。

古诗文 树色到京三百里，河流归汉几千年。

——[唐]殷尧藩《和赵相公登鹳雀楼》

白话 鲛人和海市蜃楼再美好，终归只是虚幻。

古诗文 河鲛纵玩难为室，海蜃遥惊耻化楼。

——[唐]李商隐《奉同诸公题河中任中丞新创河亭四韵之作》

白话 听着岸上树叶纷纷落下的声音，客居的人都忍不住心酸落泪。

古诗文 河畔时时闻木落，客中无不泪沾裳。

——[唐]王泠然《汴堤柳》

白话 无法超脱世俗，独自在河上吟唱排解愁苦。

古诗文 仙槎不可托，河上独长谣。

——[唐]骆宾王《晚泊河曲》

白话 今早远行的人唱起离别的歌，昨夜薄霜才跨过河流。

古诗文 朝闻游子唱离歌，昨夜微霜初渡河。

——[唐]李颀《送魏万之京》

白话 山河如同衣襟和腰带一样环绕，保护着国家重点地区。

古诗文 聿徕股肱郡，河岳即襟带。

——[唐]储光羲《奉和韦判官献侍郎叔除河东采访使》

河

白话 落花随河水向东流。

古诗文 河水浮落花,花流东不息。

——[唐]万楚《河上逢落花》

白话 清晨河流清澈,水雾清新。

古诗文 河流晓天,濮水清烟。

——[唐]韩翃《河上寄故人》

白话 夜深人静时,天空已现微光,我们等待黎明的到来。

古诗文 晚望秋高夜,微明欲曙河。

——[唐]陈润《赋得秋河曙耿耿》

白话 不必吟唱帝王家的爱情悲剧,平凡世界里也充满分离苦楚。

古诗文 莫唱当年长恨歌,人间亦自有银河。

——[清]袁枚《马嵬》

白话 天地间最美的是银河。

古诗文 天河夜转漂回星,银浦流云学水声。

——[唐]李贺《天上谣》

白话 记得巅峰时刻那曲最辉煌的歌。

古诗文 曾随织女渡天河,记得云间第一歌。

——[唐]刘禹锡《听旧宫中乐人穆氏唱歌》

湖

白话 西湖美如西施,自然天成。

古诗文 欲把西湖比西子,淡妆浓抹总相宜。

——[宋]苏轼《饮湖上初晴后雨二首·其二》

白话 喜爱西湖东畔的那片沙堤。

古诗文 最爱湖东行不足,绿杨阴里白沙堤。

——[唐]白居易《钱塘湖春行》

白话 山光水色交融在一起,而湖面就像未经打磨的铜镜。

古诗文 湖光秋月两相和,潭面无风镜未磨。

——[唐]刘禹锡《望洞庭》

白话 雨散云飞,湖水碧波如镜。

古诗文 卷地风来忽吹散,望湖楼下水如天。

——[宋]苏轼《六月二十七日望湖楼醉书五首·其一》

白话 水天相接,包容一切。

古诗文 八月湖水平,涵虚混太清。

——[唐]孟浩然《望洞庭湖赠张丞相》

白话 凭吊古迹,感受历史的沧桑和变迁。

古诗文 登临吴蜀横分地,徙倚湖山欲暮时。

——[宋]陈与义《登岳阳楼二首·其一》

湖

白话 生活中要小心谨慎，时刻警惕可能出现的危险。

古诗文 江湖多风波，舟楫恐失坠。

——[唐]杜甫《梦李白二首·其二》

白话 世事难料，内心充满纷扰与忧愁。

古诗文 明朝事与孤烟冷，做满湖、风雨愁人。

——[宋]吴文英《渡江云三犯·西湖清明》

白话 秋季的萧瑟、凄凉之感。

古诗文 八月渡长湖，萧条万象疏。

——[宋]苏轼《南康望湖亭》

白话 期待远方的消息。

古诗文 鸿雁几时到，江湖秋水多。

——[唐]杜甫《天末怀李白》

白话 对前途充满信心。

古诗文 终当游五湖，濯足沧浪泉。

——[唐]李白《郢门秋怀》

白话 快乐地泛舟，迎接客人到来。

古诗文 轻舸迎上客，悠悠湖上来。

——[唐]王维《临湖亭》

海

> **白话** 时间一去不复返。
> **古诗文** 百川东到海,何时复西归?

——[汉]汉乐府《长歌行》

> **白话** 春汛涨潮,水天相接,明月随潮水一同升起。
> **古诗文** 春江潮水连海平,海上明月共潮生。

——[唐]张若虚《春江花月夜》

> **白话** 只要心灵相通,千山万水也无法阻隔。
> **古诗文** 海内存知己,天涯若比邻。

——[唐]王勃《送杜少府之任蜀州》

> **白话** 人生无常,生活随时会出现风波。
> **古诗文** 有人问我事如何,人海阔,无日不风波。

——[元]姚燧《阳春曲·笔头风月时时过》

> **白话** 太阳驱逐长夜,旧年未过,新春已来。
> **古诗文** 海日生残夜,江春入旧年。

——[唐]王湾《次北固山下》

> **白话** 情感失落、理想追求及对美好事物的向往。
> **古诗文** 沧海月明珠有泪,蓝田日暖玉生烟。

——[唐]李商隐《锦瑟》

海

> **白话** 对大好河山的赞美。
>
> **古诗文** 三万里河东入海,五千仞岳上摩天。

——[宋]陆游《秋夜将晓出篱门迎凉有感二首·其二》

> **白话** 誓言虽美,但常常难以兑现。
>
> **古诗文** 海誓山盟总是赊。

——[宋]辛弃疾《南乡子·好个主人家》

> **白话** 山远云开,大海波平,景色壮美。
>
> **古诗文** 遥山万叠云散,涨海千里,潮平波浩渺。

——[宋]柳永《留客住·偶登眺》

> **白话** 对远方亲人的思念和未收到信的失落。
>
> **古诗文** 情知海上三年别,不寄云间一纸书。

——[唐]张旭《春草》

> **白话** 春光易逝。
>
> **古诗文** 海棠未雨,梨花先雪,一半春休。

——[宋]王雱《眼儿媚·杨柳丝丝弄轻柔》

> **白话** 思念像潮水,在你我之间涌动。
>
> **古诗文** 海水梦悠悠,君愁我亦愁。

——[南北朝]佚名《西洲曲》

小

白话 通过书信表达细腻的爱慕之情。

古诗文 红笺小字,说尽平生意。

——[宋]晏殊《清平乐·红笺小字》

白话 从今往后,远离官场束缚,心游四海八荒。

古诗文 小舟从此逝,江海寄余生。

——[宋]苏轼《临江仙·夜归临皋》

白话 清脆的琵琶声,好似珠落玉盘。

古诗文 嘈嘈切切错杂弹,大珠小珠落玉盘。

——[唐]白居易《琵琶行》

白话 画屏上的山峦图案,迎着晨光,显得眼前的女子楚楚动人。

古诗文 小山重叠金明灭,鬓云欲度香腮雪。

——[唐]温庭筠《菩萨蛮·小山重叠金明灭》

白话 报国立功的壮志。

古诗文 少小虽非投笔吏,论功还欲请长缨。

——[唐]祖咏《望蓟门》

白话 写作进入了随心所欲的境界是多么痛快啊!

古诗文 公退斋戒坐小阁,濡染大笔何淋漓。

——[唐]李商隐《韩碑》

小

> 白话　客人离去后的冷清景象。
>
> 古诗文　高阁客竟去，小园花乱飞。

——[唐]李商隐《落花》

> 白话　微醺，小窗前酣睡一觉。
>
> 古诗文　绿酒初尝人易醉。一枕小窗浓睡。

——[宋]晏殊《清平乐·金风细细》

> 白话　一见如故，遗憾没能早点儿相识。
>
> 古诗文　同是长干人，生小不相识。

——[唐]崔颢《长干曲四首·其二》

> 白话　青梅竹马的感情，最是难得。
>
> 古诗文　同居长干里，两小无嫌猜。

——[唐]李白《长干行二首·其一》

> 白话　再低微弱小，也要勇于展现自我。
>
> 古诗文　苔花如米小，也学牡丹开。

——[清]袁枚《苔》

> 白话　不要凭栏远望，夕阳下绵延的远山让人伤悲。
>
> 古诗文　休近小阑干，夕阳无限山。

——[清]纳兰性德《菩萨蛮·春云吹散湘帘雨》

才高八斗 学富五车

少

白话 青春是短暂的。世事无常，海洋都可能变成陆地。

古诗文 少年安得长少年，海波尚变为桑田。

——[唐]李贺《嘲少年》

白话 在追梦路上，我们都是那个不依靠军功却以梦为马的少年。

古诗文 不倚军功有侠名，可怜毬猎少年情。

——[唐]雍陶《少年行》

白话 常常梦见年少时的那段时光。

古诗文 少室少年偏入梦，多时多事去无因。

——[唐]贯休《秋夜怀嵩少因寄洛中旧知》

白话 富豪家的少年骄纵，名门望族家的少年争强好胜。

古诗文 贵里豪家白马骄，五陵年少不相饶。

——[唐]崔颢《渭城少年行》

白话 因年轻且丈夫事业有成而感到自豪，生活自在喜乐。

古诗文 自矜年最少，复倚婿为郎。

——[唐]崔颢《王家少妇》

白话 每座山峰都有其独特的景致。

古诗文 少室众峰几峰别，一峰晴见一峰雪。

——[唐]李颀《少室雪晴送王宁》

少

| 白话 | 少年气质超凡、风度翩翩。
| 古诗文 | 青袍美少年，黄绶一神仙。

——[唐]岑参《送楚丘麹少府赴官》

| 白话 | 青春留不住，总会有遗憾的事。
| 古诗文 | 韶华不为少年留，恨悠悠，几时休？

——[宋]秦观《江城子·西城杨柳弄春柔》

| 白话 | 愁绪深重，想灌醉自己都难，时间显得如此漫长。
| 古诗文 | 语少心长苦，愁深醉自迟。

——[唐]卢纶《送渭南崔少府归徐郎中幕》

| 白话 | 老当益壮。
| 古诗文 | 髭须虽白体轻健，九十三来却少年。

——[唐]王建《赠阎少保》

| 白话 | 怀念少年时骑马射猎、狂放不羁。
| 古诗文 | 少小边州惯放狂，骣骑蕃马射黄羊。

——[唐]令狐楚《少年行四首·其一》

| 白话 | 进入特定的社交圈，有时不得不借助权势。
| 古诗文 | 不为倚官兼挟势，因何入得少年场。

——[唐]白居易《座中戏呈诸少年》

大

白话 看不惯一些人的飞扬跋扈。

古诗文 大车扬飞尘,亭午暗阡陌。

——[唐]李白《古风五十九首·其二十四》

白话 遇到极端天气,出行不便。

古诗文 轮台九月风夜吼,一川碎石大如斗,随风满地石乱走。

——[唐]岑参《走马川行奉送封大夫出师西征》

白话 这首曲子蕴含丰富的层次和情感。

古诗文 大弦嘈嘈如急雨,小弦切切如私语。

——[唐]白居易《琵琶行》

白话 人生虚幻,世事无常。

古诗文 世事一场大梦,人生几度秋凉?

——[宋]苏轼《西江月·中秋和子由》

白话 狂风巨浪也不能阻止享受饮酒之乐。

古诗文 长风连日作大浪,不能废人运酒舫。

——[唐]元结《石鱼湖上醉歌》

白话 诗人感慨自己怀才不遇。

古诗文 大道如青天,我独不得出。

——[唐]李白《行路难三首·其二》

| 白话 | 外表虽寒酸，内心却丰盈。
| 古诗文 | 粗缯大布裹生涯，腹有诗书气自华。

——[宋]苏轼《和董传留别》

| 白话 | 珍视生命和亲情。
| 古诗文 | 大莫大於死生，亲莫亲於骨肉。

——[宋]陆游《公无渡河·大莫大於死生》

| 白话 | 两个孩子小小年纪就能吟诗，天赋异禀。
| 古诗文 | 二雏毛骨秀仍奇，小小能吟大大诗。

——[唐]杜荀鹤《顾云侍御出二子请诗因遗一绝》

| 白话 | 心灰意冷的老人，仍不免受到他人的挑唆和指使。
| 古诗文 | 拄杖子嗒，老老大大，百念灰寒，因甚被人唆使。

——[宋]释绍昙《偈颂一百零二首·其一》

| 白话 | 不拘小节，率性而为。
| 古诗文 | 倾欹半人扶，大笑亦大嗔。

——[宋]黄大受《春日田家三首·其二》

| 白话 | 山峰高耸，矗立在江中，显得格外雄浑壮丽。
| 古诗文 | 大孤如小冠，插入彭蠡中。

——[宋]范成大《湖口望大孤》

多

白话 看似清闲,其实还有许多事需要忙。

古诗文 更闲却,玉堂端帖多多许。

——[宋]刘辰翁《摸鱼儿·醒复醒》

白话 生日会上,福气满满。

古诗文 月闰清秋,时逢诞节,画堂瑞气多多。

——[宋]彭止《满庭芳·寿平交五十》

白话 没有追逐权势的心思,却有解决问题的才能。

古诗文 无心书咄咄,有术办多多。

——[宋]程公许《寿李悦斋五首和送三荣使君韵》

白话 你才华灿若彩霞,能写锦绣华章,实在令人羡慕。

古诗文 多少才情艳绮霞,羡君能赋上林花。

——[清]纳兰性德《书鲍让侯诗后》

白话 孤独寂寞,只有月亮还温柔地照着落花。

古诗文 多情只有春庭月,犹为离人照落花。

——[唐]张泌《寄人》

白话 过多地与人争,往往会折损自己的寿命。

古诗文 多争多无寿,天道戒其盈。

——[唐]孟郊《秋怀十五首·其八》

> **白话** 心思细腻就会对经历过的事情刻骨铭心。
>
> **古诗文** 多情多感自难忘，只有风流共古长。
>
> ——[唐]陆龟蒙《自遣诗三十首·其三》

> **白话** 愁恨随风，纵酒高歌。
>
> **古诗文** 得即高歌失即休，多愁多恨亦悠悠。
>
> ——[唐]罗隐《自遣》

> **白话** 多情人烦恼多，思念难以割舍，寒食节又到了。
>
> **古诗文** 多情自是多沾惹，难拚舍，又是寒食也。
>
> ——[宋]李清照《怨王孙·春暮》

> **白话** 深情难以割舍，通过反复品味来延长这份美好。
>
> **古诗文** 多情於此更情多，一枝嗅罢还重捻。
>
> ——[宋]刘光祖《踏莎行·春暮》

> **白话** 言语过多反而会产生误解。
>
> **古诗文** 多言复多语，由来反相误。
>
> ——[宋]黄庭坚《法语》

> **白话** 安贫乐道。只要有茶香相伴，便感到满足。
>
> **古诗文** 何曾厌茅舍，多是为茶烟。
>
> ——[宋]刘克庄《竹溪直院盛称起予草堂诗之善暇日览之多有可》